WIR GRILLEN

HOCH5

LOS GEHT'S

APPETIZER, ENTRÉE, HORS D'ŒUVRE ODER, WIE WIR SAGEN: VORWORT

Unsere Bratwürste waren immer sehr schön braun. Nur eben innen viel zu kalt. Und außen auf dem Weg zu einem schicken Schwarz. Unser Nackensteak schmeckte vor allem nach Marinade und Knorpel. Und unsere Maiskolben glichen sich farblich gerne den Bratwürsten an.

Wir konnten grillen. Aber eben nur so. Wir haben uns Grillbücher mit Hochglanzfotos gekauft und wussten: Das schaffen wir nie. Und haben erst gar nicht angefangen, sowas nachzugrillen.

Dann trafen wir Daniel und Thomas, später Klaus und Jörn. Und wussten fortan: Wir haben alles falsch gemacht. Wie es richtig geht? Liest und siehst du hier.

TOBIAS

VORWEG

HERZHAFTES

Wir grillen Pi mal Daumen für vier Personen, aber wenn wir einen Gyrosspieß grillen, ein Chili kochen, dann wären wir ja dumm, hier nicht gleich eine ganze Großfamilie satt zu bekommen. Aber sonst, sonst kannst du dich bei den Zutaten darauf verlassen, dass es für dich und drei andere reicht – zumindest meistens.

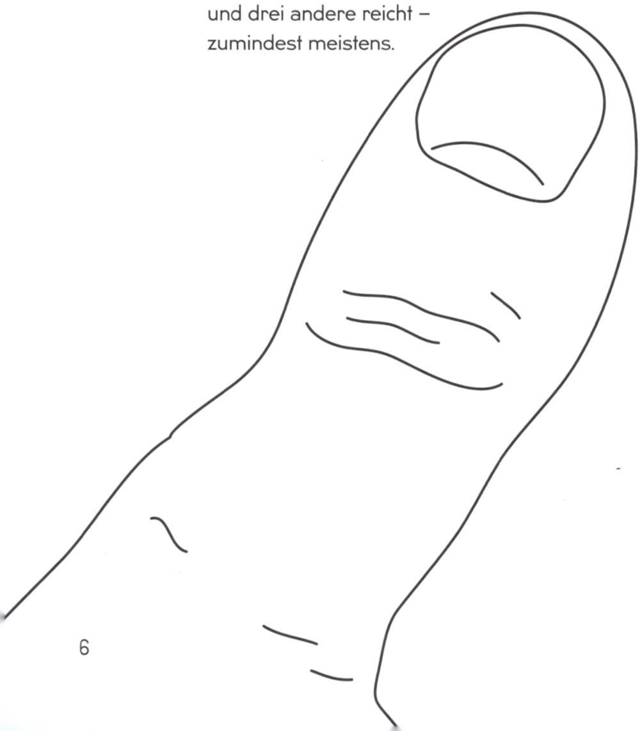

BEILAGEN

SOSSEN & DIPS

DESSERT

ZU GUTER LETZT

KLAUS BREINIG stand sechs Tage lang mit und für uns am Grill.

JÖRN FISCHER kam, knetete Burger Buns und blieb dann noch ein bisschen.

WIR VON HOCH5 haben uns auch getraut, ein bisschen zu grillen.

WELCHEN GRILL WÄHLEN?

Tja, wie das meist so ist mit einfachen Fragen:
Die Antwort ist kompliziert. Nicht ohne Grund haben wir für dieses Buch mit ganz verschiedenen Grills gearbeitet. Aber: Besser du fängst erst einmal damit an, dich mit dem zu beschäftigen, was du grillen willst. Und nicht, mit welchem Grill. Wenn du also schon einen Grill hast, dann ist es jetzt nicht an der Zeit, sofort in einen neuen zu investieren. Die Kohle sitzt bei dir aber gerade locker und du willst unbedingt einen neuen Grill kaufen? Oder stehst du zum ersten Mal im eigenen Garten und denkst, dass so ein eigener Grill auch ganz cool wäre? Können wir nicht ganz glauben.
Aber 'n paar Tipps haben wir dann schon für dich.

Wenn es das Rundum-sorglos-Paket sein soll, dann bist du mit dem Gasgrill richtig bedient. Drei Brenner sollte er schon haben – nicht, damit du alle drei voll aufdrehst, sondern damit du drei unterschiedliche Hitzezonen schaffen kannst. Alles andere ist wie bei allen schönen Dingen im Leben: Dein Geldbeutel entscheidet. Darüber, welche Marke du dir leistest, ob du 'ne Sizzle Zone dein Eigen nennst oder 'nen Drehspieß dazu orderst. Macht alles Sinn. Und Spaß. Und doch fährt Walter Röhrl mit einem Polo schneller als du mit deinem 911er. Denk dran, wenn du dich entscheidest.

KERAMIKGRILL

Anfangs steht man etwas ungläubig vor diesem Ei. Was genau mache ich damit? Grillen, natürlich. Und tatsächlich so gut wie alles. Denn der Keramikgrill ist der versteckte Allrounder, der die Pizza bei 400 Grad knusprig werden lässt, beim Pulled Pork die Hitze aber auch über viele, viele Stunden halten kann. Wer sich mit dem Prinzip des Keramikgrills eingehend beschäftigt, der merkt schnell: Der kann viel mehr als anfangs von dir vermutet. Du kannst in ihn Deflektorsteine legen, die für indirekte Hitze sorgen. In den meisten Modellen lässt sich auf unterschiedlichen Höhen grillen, Holzspäne sorgen für Räucheraroma und selbst Drehspieße gibt es für diese kugeligen Grills, die sich immer häufiger bei ambitionierten Grillern und in Sternerestaurants finden. Ob es nun der rote, grüne oder schwarze Keramikgrill sein soll, ist keine Frage, die sich objektiv beantworten lässt. Alle drei namhaften Hersteller bieten top Produkte und doch ganz eigene Konzepte. Also: Anschauen, wenn möglich ausprobieren, dann erst kaufen.

KOHLE-GRILL

Ja, den gibt es auch noch. Und zwar zu Recht. Wenn es ein Kohlegrill sein soll, dann nimm einen möglichst großen Kugelgrill mit Deckel. Leg dir Kohlekörbe dazu, damit du direkt und indirekt grillen kannst. Und denk immer dran: Der Deckel ist nicht dazu da, dass es dir nicht in den Grill regnet. Sondern damit die Hitze nicht nur von unten, sondern von allen Seiten kommt. Wenn du noch daran glaubst, dass sich Röstaromen nur bilden, wenn Kohle im Spiel ist, dann liegst du mit dem Kohlegrill genau richtig. Ist zwar Quatsch, aber irgendwie 'ne schöne Geschichte. So oder so: Ein Kohlegrill kann weit mehr als Bratwürstchen und triefend marinierte Nackensteaks verbrennen lassen.

OBERHITZE-GRILL & CO.

Ja, es gibt noch viele weitere Möglichkeiten, sich einen oder mehrere Grills in den Garten zu stellen. Aber auch hier passt der Vergleich zum Auto: Wenn du zu viele von denen in der Garage hast, weißt du irgendwann nicht mehr, welches du nehmen sollst. Und fährst einfach immer mit dem Alltagsauto. Es gibt tolle Flächengrills und Grillscheiben, Lachs schmeckt super, wenn er über dem offenen Feuer gegrillt wurde, und ein Steak, bei 800 Grad mit einer wunderbaren Kruste im Oberhitzegrill versehen, ist sicherlich unvergessen. Aber: All das lässt sich auch mit einem ganz normalen Gas-, Keramik- oder Holzkohlegrill hinbekommen. Und auch hier gilt: Lerne erst einmal, das Feuer zu beherrschen, ehe es dich beherrscht. Und wenn du deinen Grill wirklich in- und auswendig kennst, wenn du dieses Buch hier durchgegrillt, viele Sommer mit ihm verbracht hast, er auch zu Silvester läuft, dann ist es vielleicht an der Zeit, sich um so einen Grill-Exoten Gedanken zu machen. Aber dann ist auch längst schon der Nachfolger von diesem Buch auf dem Markt, in dem wir dir zeigen, wie du damit umgehst.

DAS BRAUCHST DU WIRKLICH!

Also nicht nur, weil du denkst, dass das auch irgendwie ganz cool sein könnte. Das hier, das ist überlebenswichtig. Am Grill. Alles andere? Ist Schnickschnack.

HANDSCHUHE

Vorsicht, heiß! Sogar sauheiß. Wer zum ersten Mal seine gusseiserne Pfanne mit den bloßen Händen angefasst hat, weiß: Handschuhe wären nicht schlecht. Ob es die Marken-Handschuhe, passend zu deinem Premiumgrill sein sollen, musst du selber entscheiden. Wichtig ist: Sie müssen hitzebeständig und so gearbeitet sein, dass dir Rutschiges nicht aus den Händen gleitet. Damit die heiße Gusspfanne am Ende nicht auf deinen Füßen landet. Also: Handschuhe sind ein Muss. Auch im Sommer.

GRILL-ZANGE

GRILL-PINZETTE

Früher hast du die gute, alte Holzzange genutzt, als du die Würstchen auf deinem Dreibeingrill von der Tankstelle gewendet hast. Heute kaufst du dir eine Zange aus Metall, die dann auch länger hält als nur ein paar Wochen. Wenn du es richtig gut meinst, dann gönn dir zwei: Eine Große für die dicken Brocken und eine Kleine, mit der du auch mal umrühren kannst. Auch hier gilt: Du kannst dafür viel Geld ausgeben. Oder etwas Solides, Normales kaufen. Ob du den Unterschied wirklich spürst? Kannst nur du entscheiden.

Machen die jetzt auf Pinzetten-Gastronomie? Ach was, nein. Aber so eine Pinzette ist ein guter Helfer, wenn es darum geht, Fleisch auf den Rost zu legen, Garnelen zu wenden und einfach etwas filigraner als mit der Grillzange arbeiten zu müssen. Natürlich sollte die Pinzette schon ausgewachsen und nicht für die Haare auf der Damen-Oberlippe gedacht sein. Dann kann man mit ihr auch mal umrühren, schwarze Stellen am Fleisch wegzupfen und einfach sehr präzise arbeiten.

MESSER

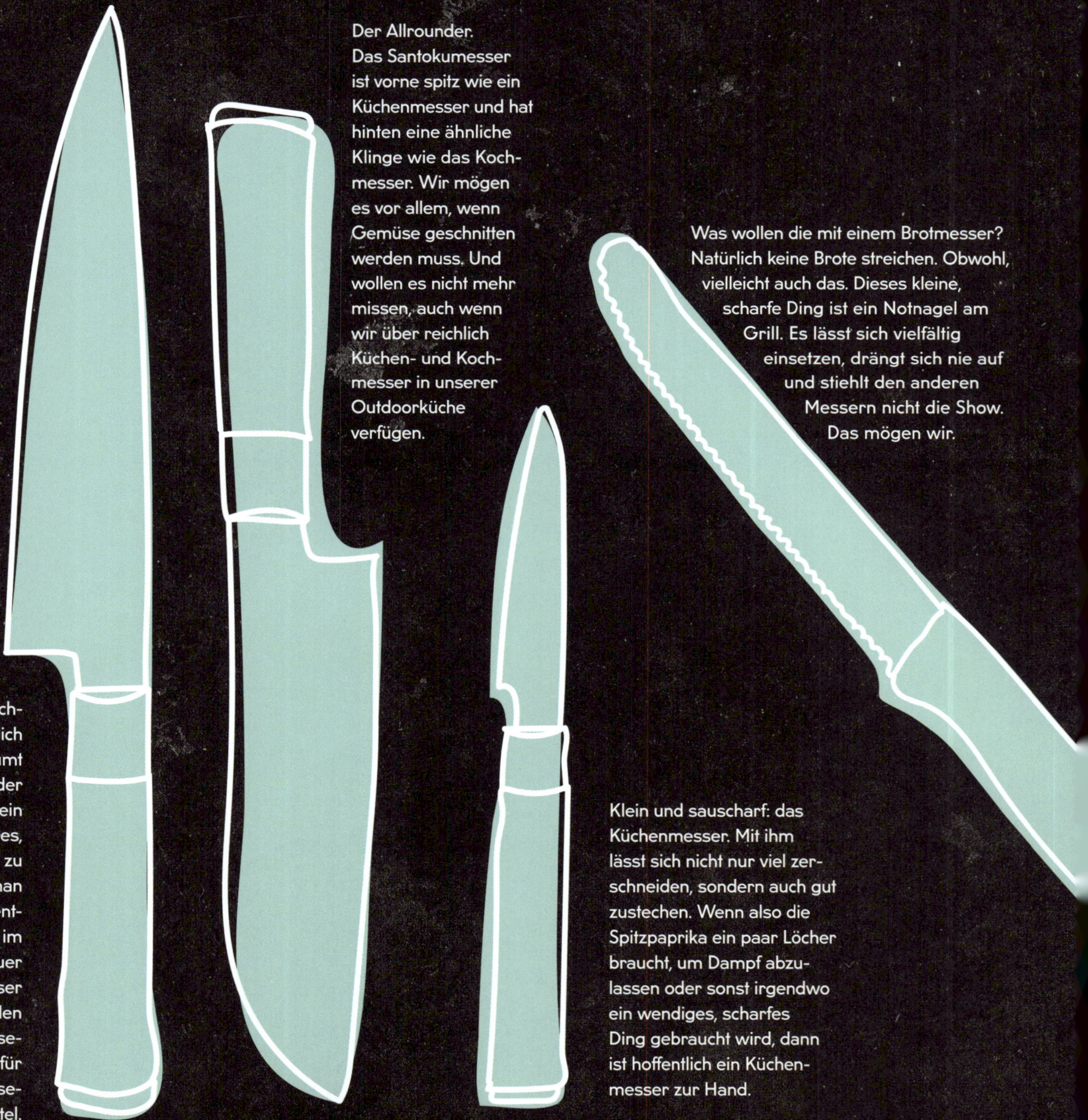

Der Klassiker. Ein Kochmesser hat eigentlich jeder. Und doch träumt eigentlich auch jeder davon, sich noch ein größeres, schärferes, teureres Messer zu kaufen. Das kann man machen, weil es eigentlich bei jedem Grillen im Einsatz ist. Aber ob teuer auch wirklich besser ist? Wir empfehlen gerne ein Mittelklasse-Messer und dafür lieber Spitzenklasse-Lebensmittel.

Der Allrounder. Das Santokumesser ist vorne spitz wie ein Küchenmesser und hat hinten eine ähnliche Klinge wie das Kochmesser. Wir mögen es vor allem, wenn Gemüse geschnitten werden muss. Und wollen es nicht mehr missen, auch wenn wir über reichlich Küchen- und Kochmesser in unserer Outdoorküche verfügen.

Klein und sauscharf: das Küchenmesser. Mit ihm lässt sich nicht nur viel zerschneiden, sondern auch gut zustechen. Wenn also die Spitzpaprika ein paar Löcher braucht, um Dampf abzulassen oder sonst irgendwo ein wendiges, scharfes Ding gebraucht wird, dann ist hoffentlich ein Küchenmesser zur Hand.

Was wollen die mit einem Brotmesser? Natürlich keine Brote streichen. Obwohl, vielleicht auch das. Dieses kleine, scharfe Ding ist ein Notnagel am Grill. Es lässt sich vielfältig einsetzen, drängt sich nie auf und stiehlt den anderen Messern nicht die Show. Das mögen wir.

MESSER-SCHÄRFER

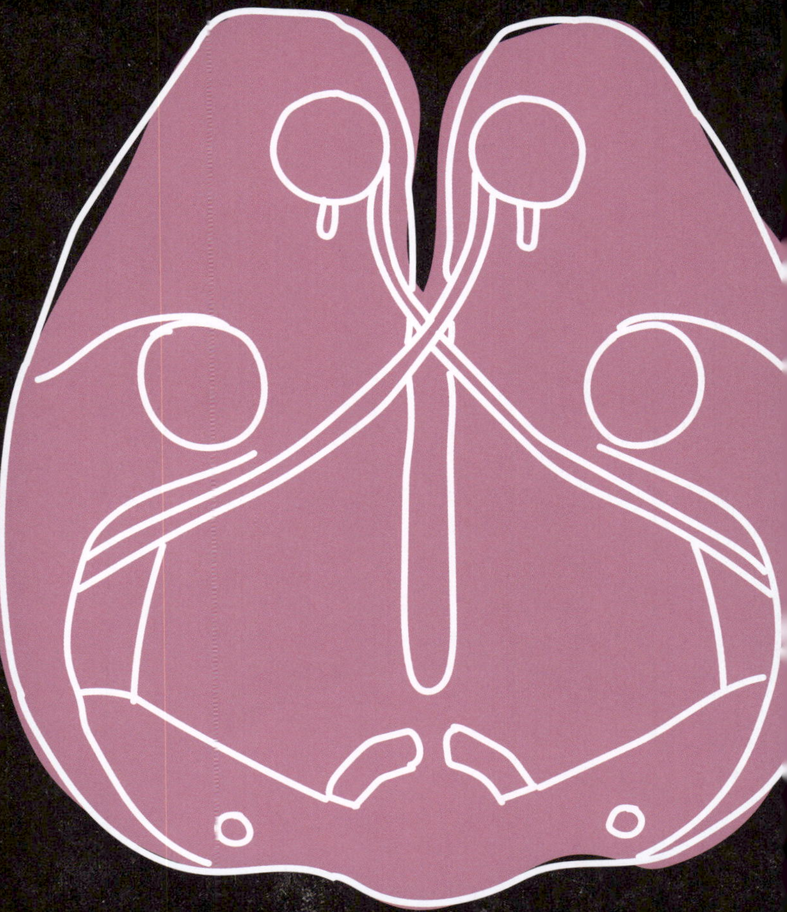

Ach, das ist schon eine Wissenschaft für sich: Das passende Messer zu kaufen und es dann auch noch so zu schärfen, dass die Kumpels vor Erfurcht auf die Knie sinken. Man kann es damit – also mit dem Schärfen, nicht mit dem Sinken – auch übertreiben. Aber ein Messer wird nun mal stumpf, wenn es häufig genutzt wird. Wir empfehlen dir einen Messerschärfer, durch den das Messer einfach und nur einige Male gezogen werden muss – fertig. Mach keine Wissenschaft draus. Aber denk dran, bevor du losgrillst.

THERMOMETER

Dein Retter in der Not. Wobei, wenn du dich durch dieses Buch gegrillt hast, merkst du schnell: Ein Thermometer ist da eigentlich kaum zum Einsatz gekommen. Weil der Profi mit den bloßen Fingern fühlt, ob das Fleisch gut ist oder nicht. Du verfügst nicht über diese Fähigkeiten? Wir auch nicht. Und genau dafür ist das Thermometer da. Natürlich gibt es auch hier die superduper Variante mit Bluetooth und eigener App. Oder eben dieses Standard-Thermometer. Am Ende machen alle nur eins: Die Temperatur messen.

BURGERWENDER

Sieht ja aus wie der Küchenfreund, der in der Küchenschublade liegt. Der Burgerwender ist aber noch 'ne Nummer größer, damit du damit auch deine dicksten Patties durch die Luft wirbeln kannst. Nein, im Ernst: Riesig muss der Burgerwender nicht sein. Aber so groß, dass du mit ihm jedes Fleisch sanft vom Rost anheben und dann wenden kannst. Also: Nicht zu gierig sein beim Einkauf.

MÖRSER

Braucht es wirklich einen Mörser? Also am Grill, nicht in der Apotheke? Ja, den brauchst du. Am Anfang wirst du dir ein Rub nach dem anderen kaufen. Und irgendwann feststellen: Ganz schön teuer. Und irgendwie häufig nur Einheitsbrei. In diesem Buch findest du viele Anleitungen dafür, wie du deine eigenen Rubs herstellst. Und das geht nur in deinem eigenen Mörser. Also, frag nicht. Kauf.

PINSEL

Wer ein Freund der Barbequesoße ist, der kommt um den Pinsel nicht herum. Wobei die Borsten besser nicht aus Naturhaar, sondern aus Kautschuk sein sollten. Einen kleinen Nachteil hat so ein Pinsel aber: Es kann passieren, dass man mit ihm den Rub vom Fleisch pinselt. Bei einem Grill-Mopp passiert das nicht. Also: Vorher in Ruhe überlegen, ob es ein Pinsel oder ein Mopp sein soll.

LOOFLIGHTER

Sieht aus wie ein Lockenwickler – und, ganz ehrlich, wenn du ihn zum ersten Mal benutzt und damit beobachtet am Grill stehst, kommst du dir schon etwas deplatziert vor. Wenn der Looflighter aber erst einmal läuft, wenn die Funken nur so fliegen und sich die Glut in Windeseile über den Kohlen ausbreitet, ist's vorbei mit der Häme. Wenn du mit Kohle grillst, brauchst du diesen Heißluftföhn im Lockenwicklerformat. Ohne Wenn. Ohne Aber.

SPRÜHFLASCHE

Sieht aus, als wolltest du damit deine Zimmerpflanzen ein wenig einnebeln. Also versteck die Sprühflasche besser vor deinen Mitbewohnern. Füll in sie Apfelsaft und sorg dafür, dass dein Fleisch noch viel saftiger wird. Wo es sowas gibt? Na, im Blumenhandel. Wo sonst?

AB AN DEN GRILL!

ES WIRD HERZHAFT.

800 G DRY AGED RIB EYE
4 BURGER BUNS (SEITE 32)
2 TOMATEN
1 ZWIEBEL
4 SCHEIBEN CHEDDARKÄSE
BURGERSOSSE (SEITE 220)
ETWAS SALZ

BURKHARD
BURGER

SEID IHR EIGENTLICH WAHNSINNIG?

FÜR HAMBURGERHACK ZU VERWENDEN?

Japp, sind wir.
Weil in einen richtig guten Burger auch richtig gutes Fleisch gehört.
Und nicht Hack aus dem Discounter.

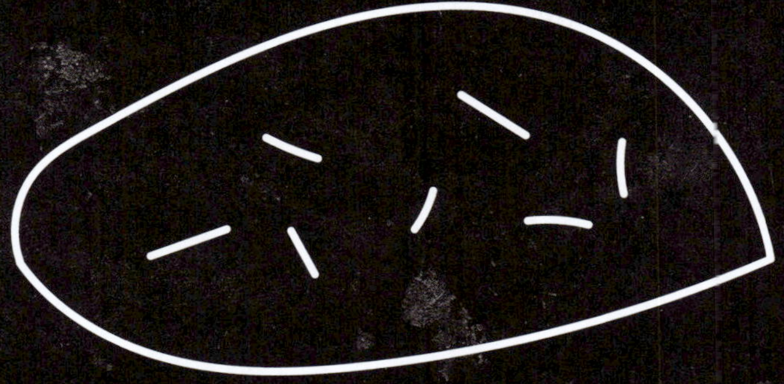

Also: Rib Eye geordert; wer mit dem sprichwörtlich goldenen Löffel im Mund geboren wurde, kauft es Dry Aged. Klingt erst einmal sehr nach Luxusburger. Ist es ja auch. Für den Gaumen. Die Freunde. Den Kenner. Und, ja, es tut im ersten Moment weh, das Rib Eye so klein zu schneiden und dann im Fleischwolf zu versenken. Dauert aber nicht lange, dann lässt das nach. Und es entsteht ein ganz wunderbarer Burger, bei dem es Einiges zu beachten gibt: Das Hack nicht würgen, nicht mal kneten. Die Patties nicht zu riesigen Frikadellen formen. Und überhaupt: Am besten Schritt für Schritt vorgehen – eben so, wie wir es dir zeigen. Und nicht gleich an die x-te Abwandlung denken, sondern erst einmal mit einem einfachen, schlichten, vor allem aber wunderbaren Cheeseburger starten. Das reicht. Für den Anfang. Allemal.

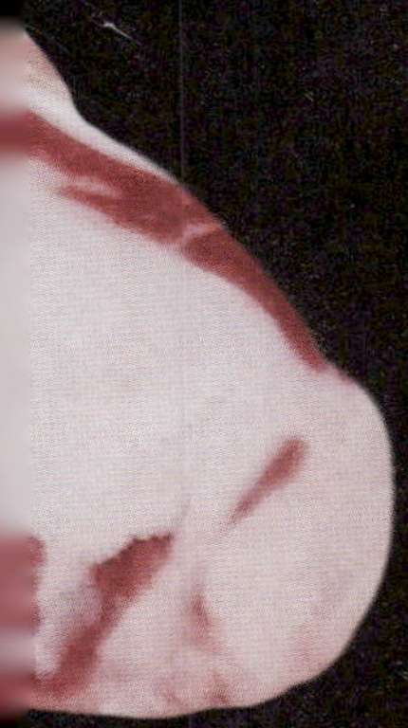

LOS GEHT'S!

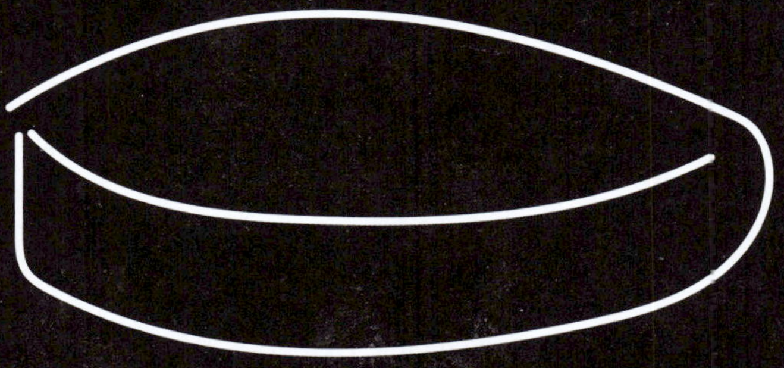

LESS IS MORE

Bestes Rip Eye Dry Aged und Salz – mehr braucht ein richtig guter Burger Patty nicht. Und jeder, der etwas anderes behauptet, hat noch keinen richtig guten Burger gegessen. Punkt.

Je gröber der Fleischwolf, desto geiler der Burger.

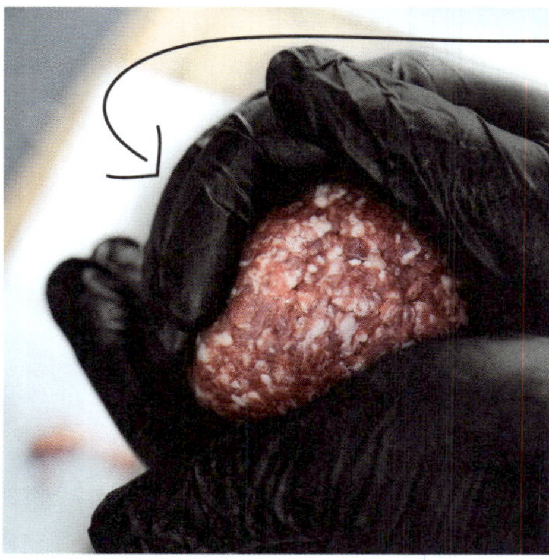

!

Was Viele falsch machen, sagt Klaus, ist das Pressen. Und Kneten. Du brauchst keine Burgerpresse, nicht mal starke Unterarme. Forme einfach ganz leicht, mit so wenig Druck wie es deine zarten Hände erlauben, eine Kugel, leg sie auf Butterbrotspapier, leg ein weiteres Papier oben auf die Fleischkugel und drücke das Ganze dann behutsam – am besten mit einem Burgerwender – platt.

Der Patty zerfasert dir am Rand? Macht nichts. Ist gerade gut so. Er sieht gar nicht so uniform aus wie in der Burgerbude und bietet mehr Raum für köstliche Röstaromen. Na bitte, du bist auf dem richtigen Weg.

Geduldig sein. Sagt, ja, mahnt Klaus. Und hebt schon mal den Zeigefinger. Hier jetzt nicht wenden, noch mal wenden, umdrehen, ungeduldig auf dem Fleisch herumdrücken und noch mal drunter schauen. Sondern: sich Zeit nehmen. Zusehen, wie sich die Röstaromen entfalten, wie sich der Rand des Fleisches erst grau, dann lecker braun verfärbt. Und dann ein Mal umdrehen, wieder warten, fertig.

Kurz vor dem Runternehmen noch eine Scheibe Käse – für uns Cheddar, für dich vielleicht eine etwas mildere Variante, du Mädchen – drauflegen, Deckel schließen, bis der Käse zerläuft, nebenbei die Burger Buns sehr kurz und ganz leicht innen braun grillen.

Jetzt muss es schnell gehen. Soße – natürlich selbstgemacht, du Banause – auf die Buns, Salatblatt, Tomaten, Zwiebeln, wieder Soße, so richtig viel Soße, dann das Fleisch, dann noch mal Zwiebeln und Soße, dann zuklappen, reinbeißen, niemals damit aufhören wollen.

Unser Soßenrezept findest du auf Seite 220

Natürlich gibt es unzählige Möglichkeiten, den Burger noch viiiiiel individueller zu stapeln. Anregungen dazu gibt es auf den folgenden Seiten. Aber: Starte mal besser mit etwas Einfachem. Weil es einfach besser schmeckt.

FÜR HOCH STAPLER

Deiner Fantasie sind natürlich keine Grenzen gesetzt. Und uns ja sowieso nicht. Also pack dir zwischen die Buns, was dir gefällt, was nur dir schmeckt.
Wir wollen dich erst gar nicht aufhalten. Also: Wenn du weißt, wie es generell geht, dann einfach ausprobieren, experimentieren, Freunde einladen, sich zur Regel machen, dass es jeden Burger nur ein Mal gibt. Und am Ende den einen, den Lieblingsburger, festlegen. Und nie wieder vergessen. Bis zum nächsten Burgergrillen.

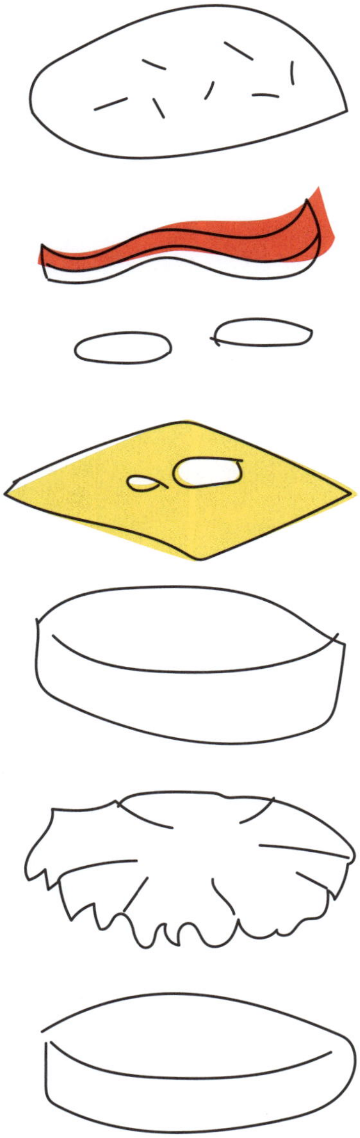

Bun
Bacon
Gurke
Cheddar
Patty
Salat
Bun

Bun
Cheddar
Patty
Spiegelei
Cheddar
Patty
Bun

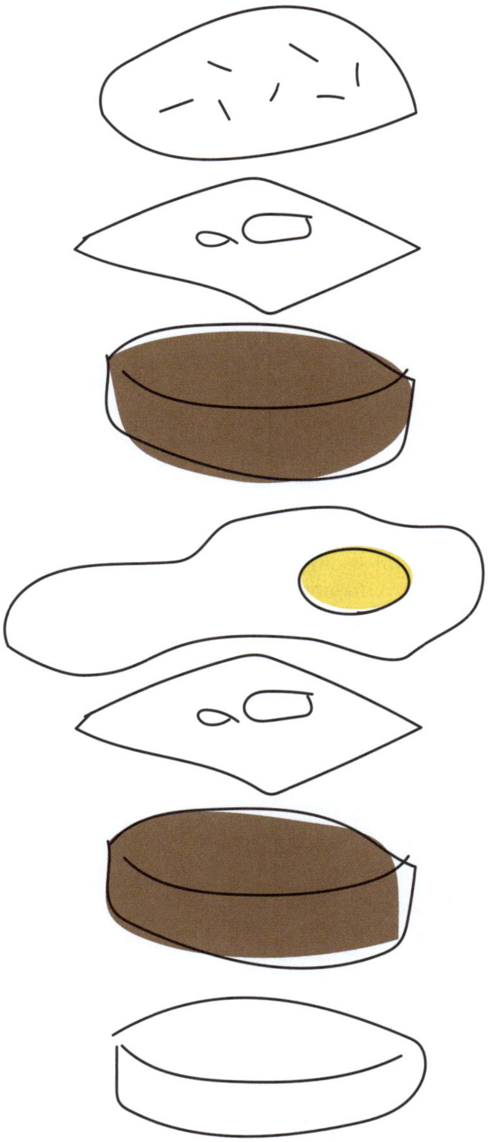

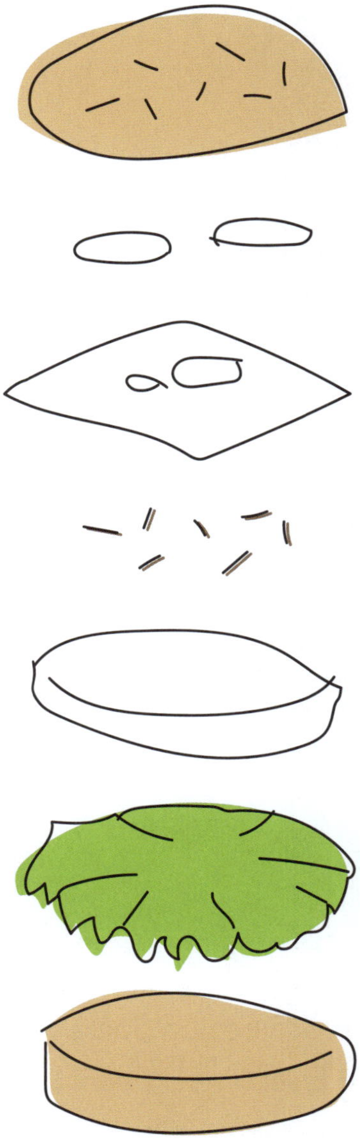

Bun
Gurke
Cheddar
Röstzwiebeln
Patty
Salat
Bun

NATÜRLICH MUSS EIN BURGER AUS RINDFLEISCH BESTEHEN!

Oder gaaanz vielleicht noch mit Pulled Pork belegt werden. Also wenn es ein echter Burger sein soll. Na gut, dann ist das hier eben keiner von der echten Sorte. Aber wir versprechen dir: Er schmeckt echt lecker. Du brauchst dazu erst einmal Pollo Fino. Pollo… was?! Ausgelöste Hähnchenschenkel könnte man auch sagen, das hilft dir aber vielleicht auch nicht weiter. Also, geh am besten in ein türkisches Lebensmittelgeschäft, denn da ist die Chance am größten, dass du diese Hähnchenschenkel bekommst, aus denen die Knochen und Sehnen schon entfernt worden sind. Frag nach Pollo Fino, nach Hähnchenschnitzel aus der Keule, nach entbeinter Hähnchenkeule. Meint alles das Gleiche.

4 POLLO FINO
4 BURGER BUNS Seite 32
2 EL HÄHNCHENGEWÜRZ
BLATTSALAT
4 KÄSESCHEIBEN
BURGERSOSSE Seite 220

CHANTALLE
CHICKENBURGLER

Für vier Burger brauchst du logischerweise auch vier Stück Pollo Fino, die du am besten von beiden Seiten mit ganz klassischem Hähnchengewürz bestreust.

200°

Grill anfeuern und das Fleisch von beiden Seiten bei gut 200 Grad schön braun grillen. Den Grill hier nicht allein lassen, weil die Hühnerhaut doch sehr fettig ist und schnell Feuer fangen kann.

Die Burger Buns aufschneiden, aber nicht gleich mit Mayonnaise oder Ketchup oder was auch immer bestreichen. Das Brötchen soll ja knusprig bleiben und sich nicht mit Flüssigkeit vollsaugen.

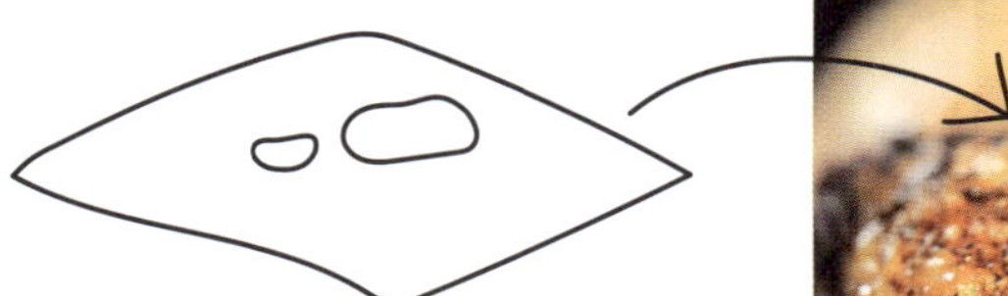

Die Reihenfolge lautet also: Brötchenboden, Salat, selbstgemachte Burgersoße, Pollo Fino, Käsescheibe, Brötchendeckel. Fertig ist der „unechte Burger". Der geschmacklich jeden Cheeseburger in den Schatten stellt. Echt wahr.

PSSSSST:
BUN-REZEPT AUF DEN FOLGE-SEITEN.

BENJAMIN BUN

HIER WIRD ES LEGENDÄR ...

180 ML MILCH MIND. 3,5 % FETT
40 G BUTTER
330 G MEHL TYP 405, AUFGETEILT IN 150 G UND 180 G
15 G ZUCKER
5 G SALZ
½ WÜRFEL FRISCHE HEFE
1 VERQUIRLTES EI

Wer im Internet nach dem ultimativen Burger Bun-Rezept sucht, trifft hier immer und immer wieder auf einen Namen: Jörn Fischer. Er hat monatelang rumexperimentiert, ehe dieses Rezept für die fluffigsten Burgerbrötchen dabei herausgekommen ist. Und er hat uns besucht, damit wir das mal zusammen backen. Und seitdem nichts anderes mehr für unsere Burger nutzen.

FÜR DAS TOPPING:
SESAM ODER OREGANO, PARMESAN UND PANKOMEHL

Zum Start die Milch zusammen mit der Butter und dem Zucker handwarm erhitzen. Für die Vorsichtigen unter euch: Thermometer reinhalten und höllisch aufpassen, dass das Ganze nicht wärmer als 37 Grad wird.

WARM

Denn sonst verabschiedet sich die

HEFE

gleich wieder, die jetzt zu dem Milch-Butter-Zucker-Gemisch hinzugegeben wird. Das Ganze zur Seite stellen und zusehen, wie die Hefebrocken immer größer werden.

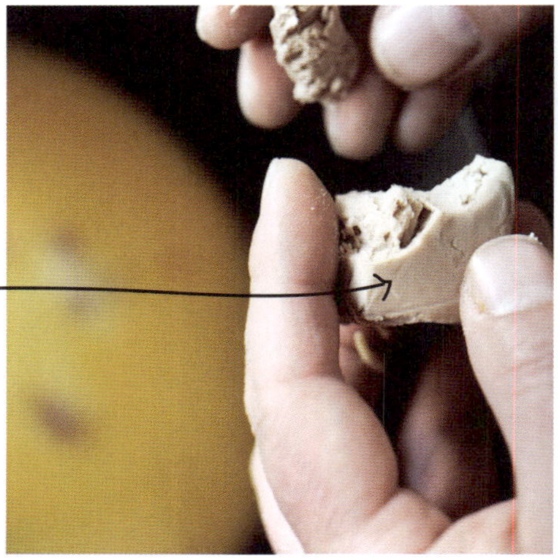

150 Gramm Mehl in eine Rührschüssel geben und mit dem Salz mischen. Das Milch-Butter-Zucker-Gemisch langsam mit in die Rührschüssel geben und die Küchenmaschine ihren Job machen lassen.

SO EXAKT MESSEN WIR WIRKLICH SELTEN.

1/4

Eine gute Viertelstunde lang kneten lassen und währenddessen die Hälfte vom verquirlten Ei …

1/2

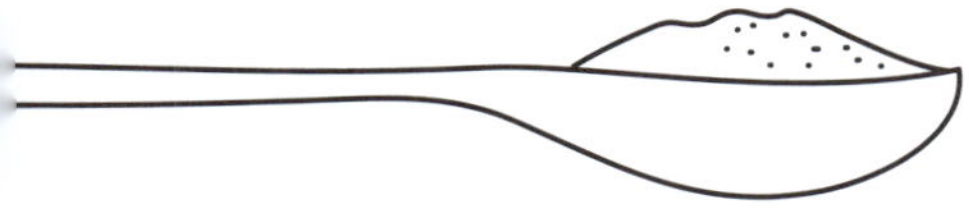

… und das restliche Mehl (180 Gramm) löffelweise hinzugeben.

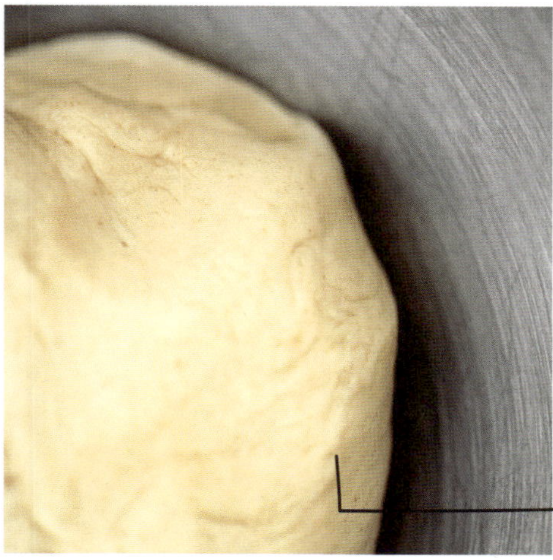

PSSSSST!

Gönn dem Teig eine gute halbe Stunde Ruhe. Hast du mehr Zeit, dann hat auch er mehr Zeit, um aber mal so richtig gut zu werden. Also: Minimum sind dreißig Minuten. Besser sind sechzig.

Den Teig, nachdem er in etwa die doppelte Größe erreicht hat, auf eine bemehlte Arbeitsfläche kippen, eine Rolle daraus formen und in Stücke schneiden, die zwischen achtzig und hundert Gramm schwer sind.

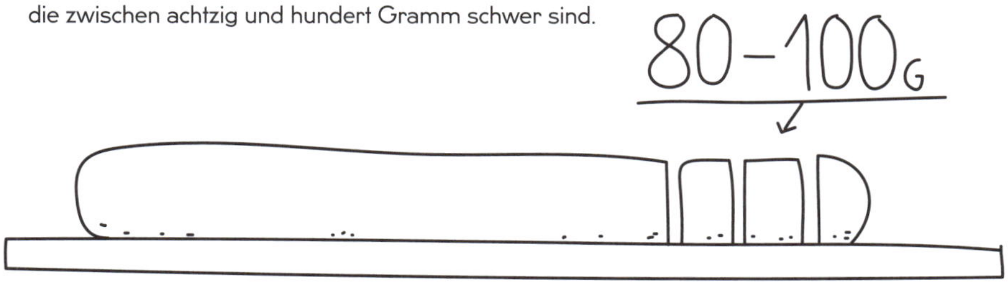

Jetzt kommt das

WICHTIGSTE!

Wer Jörn dabei zusieht, weiß: Darin liegt das Geheimnis seiner Burger Buns. Leider weiß er auch: Das bekomme ich so nie hin. Wir sagen dir: Übung macht den Meister.

Du solltest deshalb trotzdem damit starten, die Kugeln zu schleifen. Das geht so: Teig rollen, von innen nach außen drehen, wieder rollen, erneut von innen nach außen drehen – immer und immer wieder. Damit eine möglichst große Oberflächenspannung entsteht.

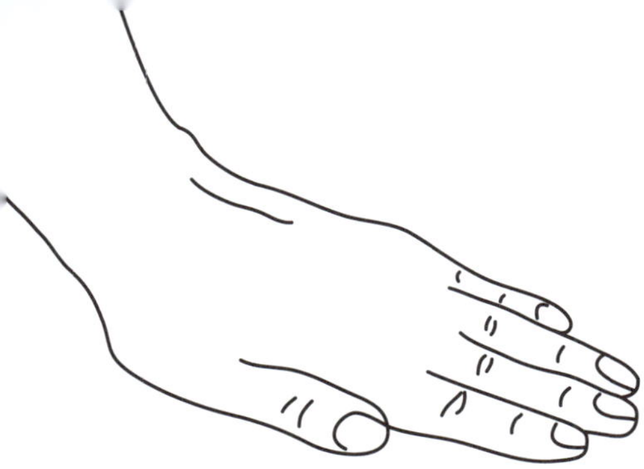

Die geschliffene Teigkugel nun auf ein mit Backpapier belegtes Backblech legen und etwas platt drücken. Ab damit an einen warmen Ort und dort nochmals 'ne gute halbe Stunde lang gehen lassen.

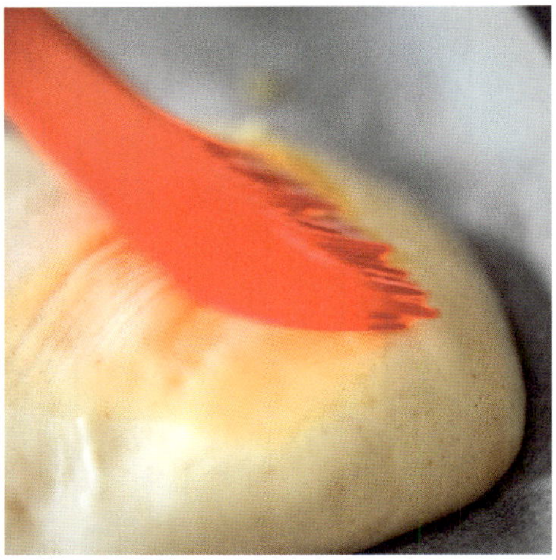

Danach die Buns mit dem restlichen Ei bestreichen und, für die Freunde der klassischen Lebensweise, mit Sesam bestreuen.

Wer hingegen

ROCK'N'ROLL

mag, der vermischt Oregano, Parmesan und Pankomehl, und zaubert so einen knusprigen Crunch auf seine Buns.

Die bestreuten Buns wandern jetzt für zwölf Minuten in den auf 200 Grad vorgeheizten Backofen, für den uns Jörn hinter unsere Ohren geschrieben hat: Immer Ober-/Unterhitze, nie Umluft!

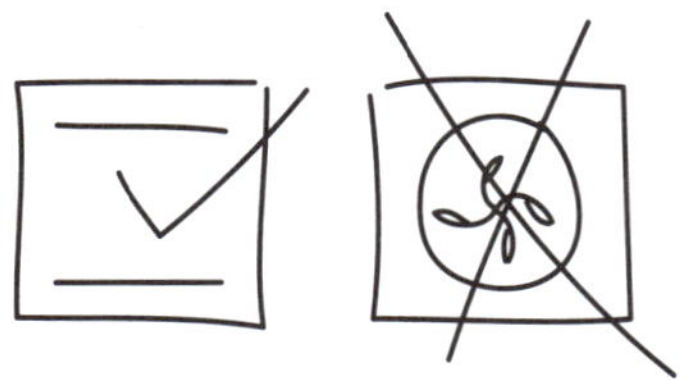

PA~~R~~NADEBEISPIEL

Pankomehl, was soll das denn wohl sein? Na, vor allem ein ganz normales Paniermehl, das aus der asiatischen Küche stammt und weißere Semmelbrösel nutzt, als wir sie kennen. Gibt es im Supermarkt, häufig direkt beim Paniermehl, machmal auch in der Asia-Abteilung. Und sorgt für deutlich mehr Kau-Knuspern als herkömmliches Paniermehl.

DIE BUNS LASSEN SICH AM NÄCHSTEN TAG SEHR GUT WIEDER AUFBACKEN,

wenn sie nachts luftdicht verschlossen weggestellt wurden.

MAN KANN SIE SOGAR EINFRIEREN.

Aber eigentlich ist das alles Quatsch. Weil eh keine übrig bleiben.

40 KLEINE CHICKENWINGS
JE 4 TL SALZ + PFEFFER
1 TL CHILIFLOCKEN
½ EL CAYENNEPFEFFER
4 TL CURRYPULVER
8 TL ROHRZUCKER
4 TL PAPRIKAPULVER (SÜSS)
1 THAI-KNOBLAUCH
SALZFLOCKEN
BBQ-SOSSE | HONIG
APFELSAFT

CHUCK CHICKEN-WING

Nein, dieses Gericht hat nichts mit den frittierten Gummiadlerflügeln zu tun, die man in Fastfood-Restaurants bekommt, billig und ertränkt in vielviel Marinade. Wir zeigen dir, dass das auch ganz anders geht. Und natürlich vielviel leckerer.

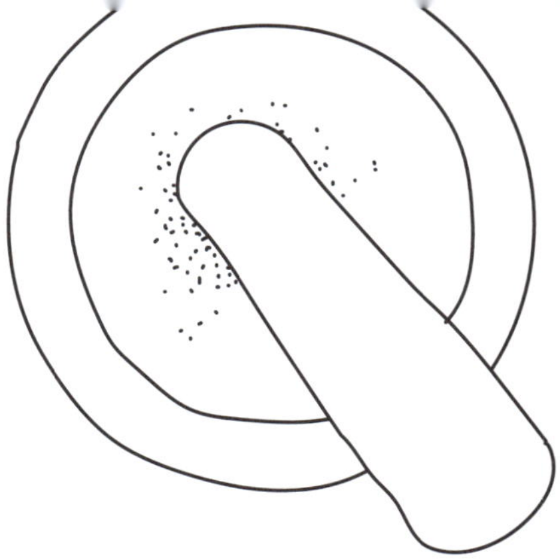

Salz, Pfeffer, Chiliflocken, Cayennepfeffer, Currypulver und Rohrzucker im Mörser miteinander vermengen. Beiseite stellen.

Beim Knoblauch haben wir uns für Thai-Knoblauch entschieden, weil er nicht soooo scharf ist.

Herkömmlicher Knoblauch tut's natürlich auch, dann einfach die Menge etwas reduzieren.

ERST KLEIN HACKEN ...

... DANN MIT DER MESSERKLINGE ZERDRÜCKEN.

Salzflocken hinzugeben – und fertig ist der aromatische Knoblauch-Salz-Mix.

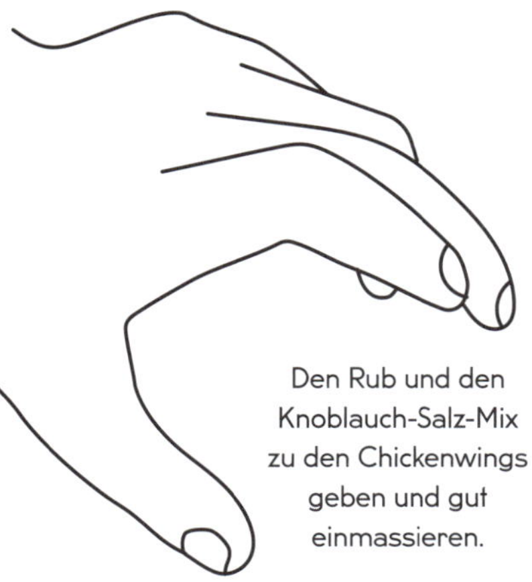

Den Rub und den Knoblauch-Salz-Mix zu den Chickenwings geben und gut einmassieren.

Die gewürzten Hähnchenflügel mit der Haut nach oben auf den Grill legen und bei indirekter Hitze bei 160 Grad rund dreißig Minuten lang grillen.

Zwischendurch ein Mal wenden und mit Apfelsaft einsprühen. Das macht sie besonders süß und, ja, saftig.

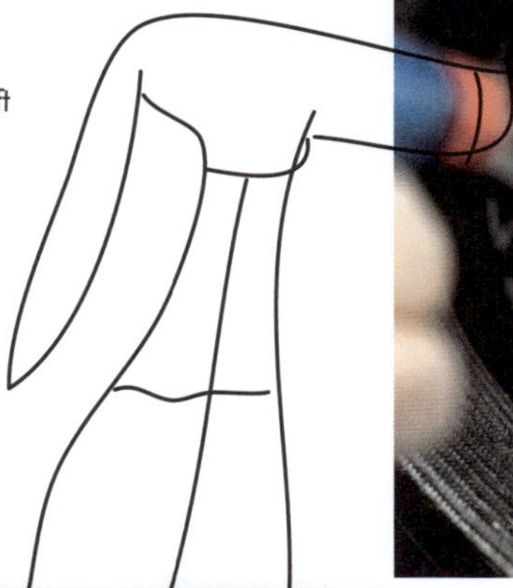

Die Barbequesoße mit ein bisschen Honig vermengen und mit der Hilfe von Mopp oder Pinsel die Flügel bestreichen.

Wenn die Chickenwings richtig schön braun sind, vom Grill nehmen und in der Mitte aufbrechen.

Apropos brechen:
Deine Besuche beim Fastfood-Hühnermann gehören spätestens jetzt der Vergangenheit an.

PETER PULLED PORK

GEDULD IST JETZT NICHT GERADE UNSERE STÄRKE – HIER ABER GEHT ES NUN WIRKLICH NICHT OHNE.

Das Schlimme daran: Man weiß nie so genau, wann man denn nun genug Geduld gehabt hat und es endlich losloslosgehen kann. Ja, ein Thermometer hilft. Aber nur ein bisschen. Was wirklich hilft, sind Ruhe, indirekte Hitze und eine sensible Hand, die fühlen kann, wann das Pulled Pork fertig ist.

2,8 KILO SCHWEINE-NACKEN

RUB HERSTELLEN

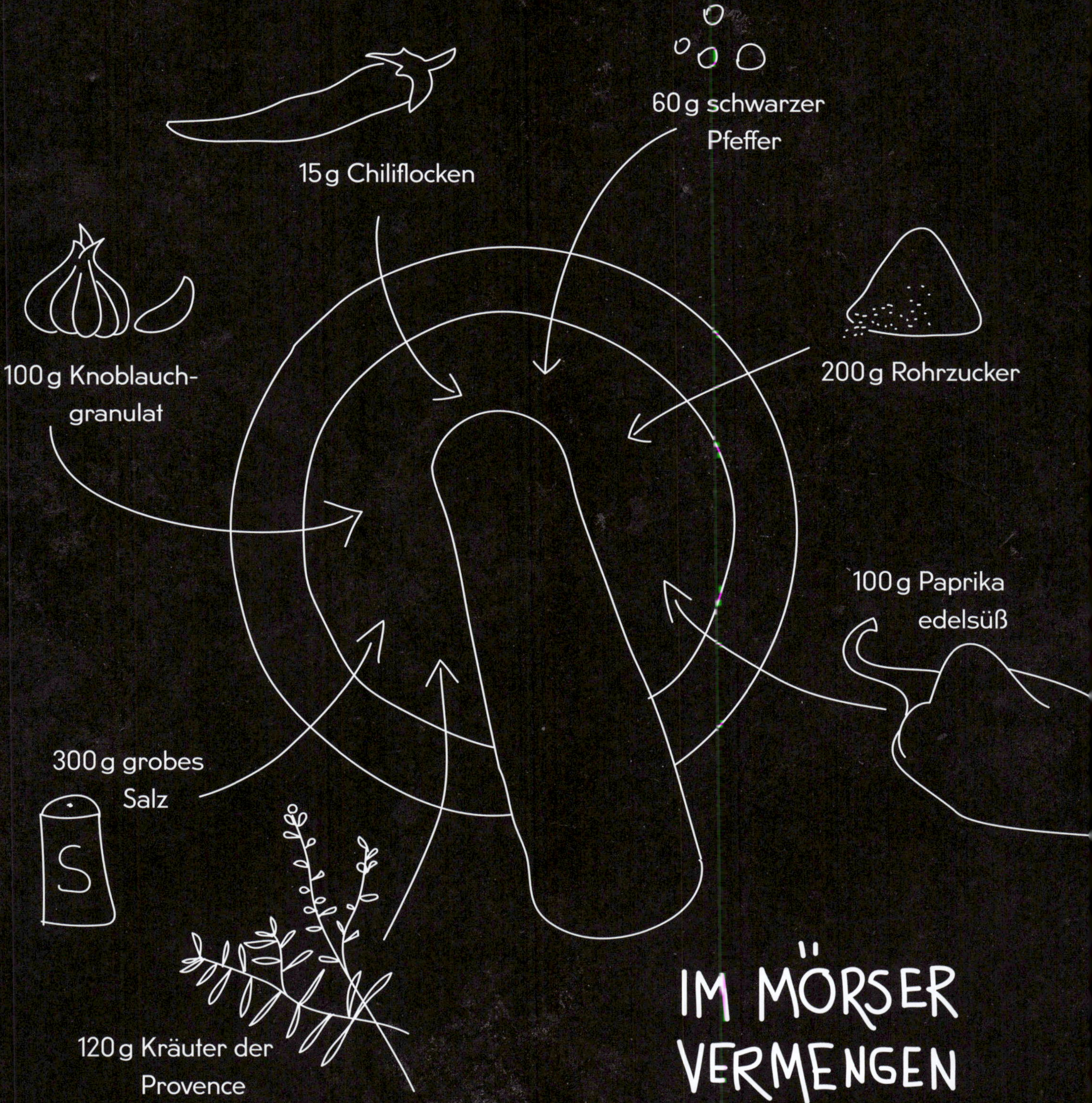

IM MÖRSER VERMENGEN

ES SOLL SO RICHTIG RAUCHIG SCHMECKEN?

DANN FLOTT GEWÄSSERTE HOLZSPÄNE MIT AUF DIE KOHLE GEBEN!

TRICK 17:

Den Schweinenacken packen und in zwei Stücke schneiden. Wieso in der Mitte durchtrennen? Weil rund 2,8 Kilogramm, die ein ausgewachsener Nacken auf die Waage bringt, ganz schön lange brauchen, bis sie fertig sind. Und zwei Teile doppelte Kruste versprechen.

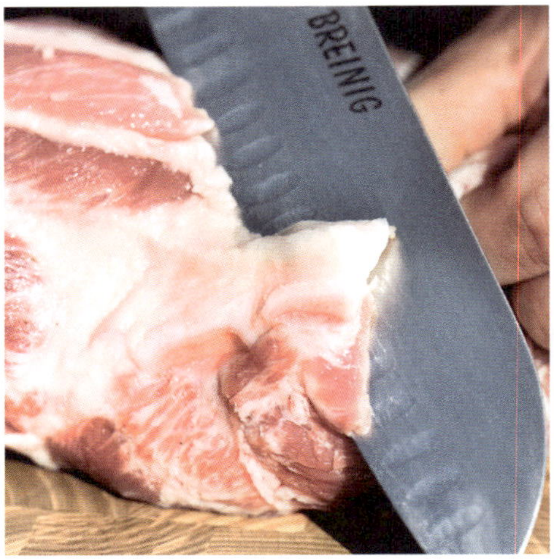

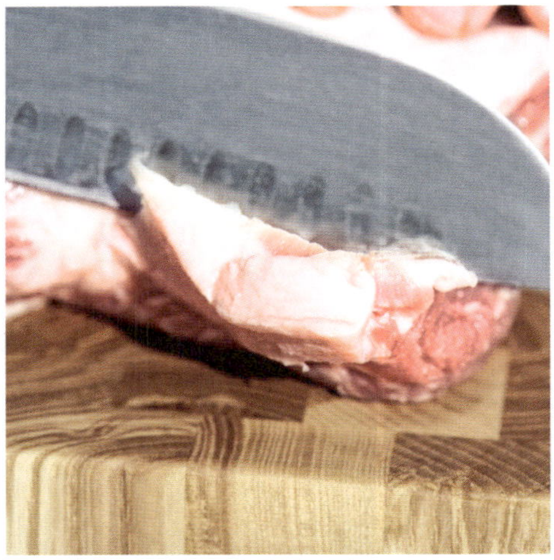

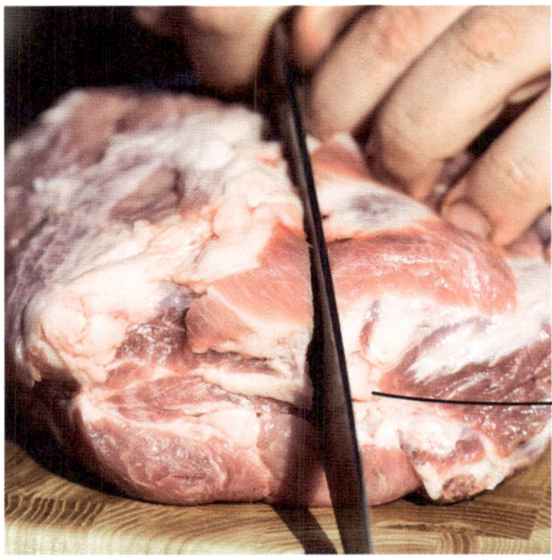

Also: Großes Messer nehmen und den Schweinenacken der Länge nach durchschneiden.

Den Rub nehmen, die Fleischstücke von allen Seiten damit bestreuen und die Gewürzmischung festdrücken. Wir haben uns dafür entschieden, das Pulled Pork auf dem Keramikgrill zu grillen, weil wir da noch Räucherholz auf die Glut werfen können.

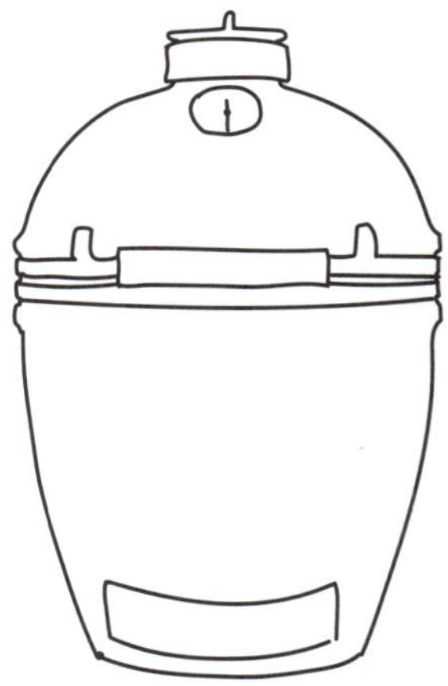

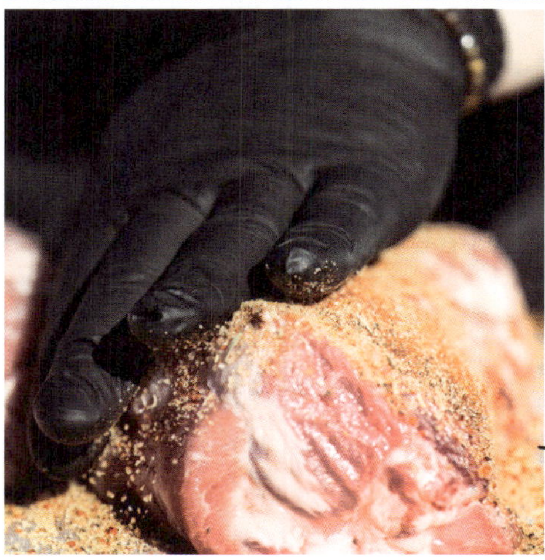

TIPP:

Bei der Zubereitung von Fleisch immer Einmalhandschuhe verwenden. Weil es hygienischer ist. Und es so keine Sauerei gibt.

Wir legen die beiden Nackenstücke also direkt in den Rauch, schließen den Deckel und warten. Das Ganze natürlich bei indirekter Hitze und mit einer Auffangschale unter dem Fleisch, damit der Saft nicht die Deflektorsteine zusaut.

Jetzt heißt es: warten. Und warten. Jede volle Stunde darf man das Fleisch mit Apfelsaft besprühen und immer wieder aufs Thermometer starren. 120 Grad sind optimal – alles, was darüber ist, sorgt zwar für eine schnellere Garzeit, dafür aber auch für deutlich weniger Saftigkeit.

Nach sechs bis acht Stunden mal mit dem Finger ins Fleisch drücken. Fühlt es sich gut an? Gibt das Fleisch dem Druck nach, ohne schwabbelig zu wirken? Dann das Fleisch mit dem Mopp voll Barbequesoße einmoppen und nochmals fünfzehn Minuten lang grillen.

Das Thermometer ins Fleisch jagen und hoffen, dass es 85 – besser noch 90 – Grad anzeigt. Jetzt ist noch einmal Geduld gefragt, weil das Pulled Pork, wenn es fertig ist, noch gute dreißig Minuten lang ruhen muss.

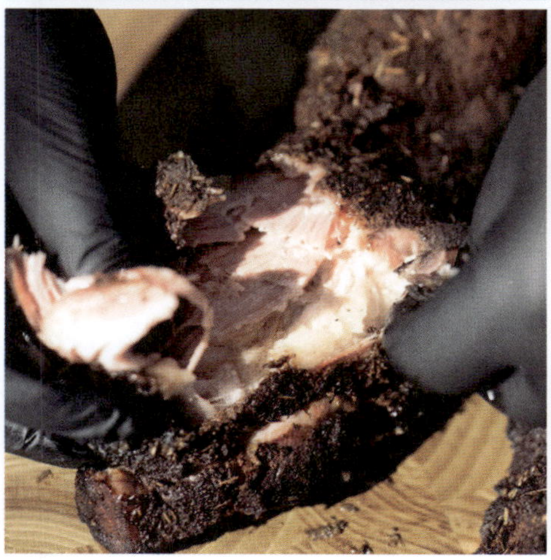

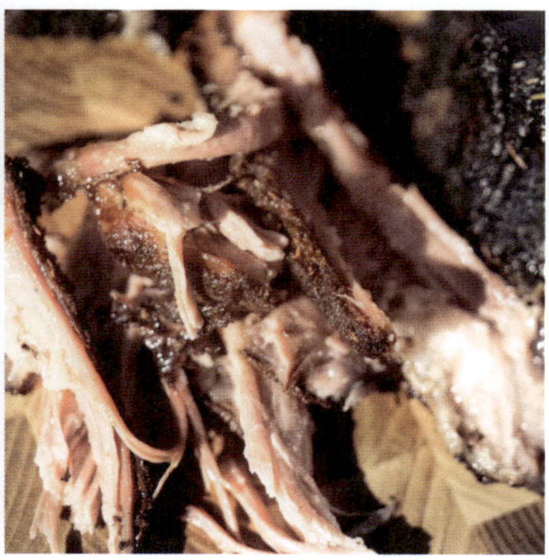

Dann aber: Entweder die extra für diesen Moment gekauften Bärenkrallen ausfahren, äh, benutzen. Oder zwei Gabeln zum Zupfen nehmen. Oder, noch viel besser: Einfach die Hände nehmen und das Fleisch sanft in Stücke zupfen. Mit mehr Gefühl geht's nicht. Und so kannst du dir schon mal zwischendurch das eine oder andere Stück in den Mund schieben. Muss ja schließlich probiert werden. Und geduldig genug warst du ja sowieso.

BRUNO
BRATWURST

WOLLEN MIR DIE KLUGSCHEISSER JETZT AUCH NOCH SAGEN, DASS ICH JAHRELANG MEINE BRATWÜRSTCHEN FALSCH GEGRILLT HABE?

UND ERZÄHLEN, WIE ES VIEL BESSER GEHT?

Ruhig Blut.
Jahrelang waren deine Würste innen eher lauwarm
und außen sehr, sehr braun. Das geht besser.

DAS GEHEIMNIS:

Die Haut der Bratwurst leicht mit einem scharfen Messer einritzen. Denn nur so können sich die Röstaromen wirklich entfalten und die Hitze ins Wurstinnere vordringen.

Die Würste NICHT(!) sofort auf das direkte Feuer legen, sondern ganz an die Seite, dahin, wo die Hitze nur indirekt kommt. Hier dürfen sie ruhig zehn Minuten lang ruhen. Und siehe da: Plötzlich nehmen sie an Volumen zu, spannt sich die Haut, erwärmt sich das Innere und dehnt sich aus.

SO SOLL ES SEIN.

Jetzt rüber mit den Würsten auf die Stelle deines Grills, an der es aber mal so richtig heiß ist.

Wenn du magst, streichst du mit einem Stück Butter über die Wurst, damit die Haut noch krosser wird.

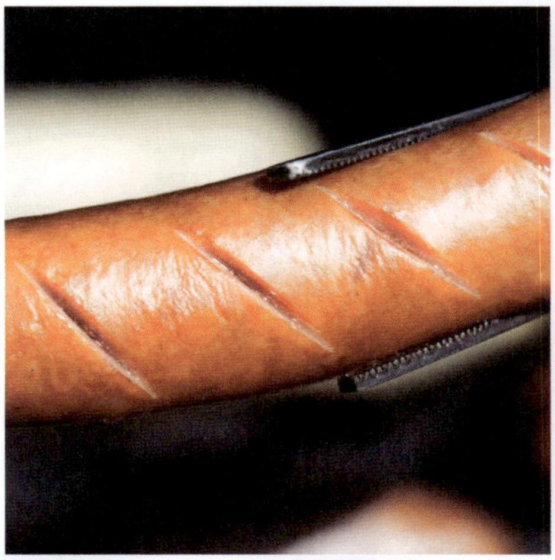

Und jetzt: Bitte nicht so lange warten, bis die Wurstpelle ein braunschwarzes Etwas ist. Sondern einfach lecker braun. Am besten schon in kleine Happen schneiden, selbstgemachten Ketchup (siehe Seite 222) dazu servieren, Currypulver drüber streuen – fertig ist das ganz neue Wurstgeschmackserlebnis.

Wir haben alle möglichen Würste gegrillt:

SOLCHE MIT KÄSE INNENDRIN, GEFÜLLT MIT SPECK, THÜRINGER, KRAKAUER, GROBE, FEINE, GEBRÜHTE, ROHE, GERADE, KRUMME, SCHNECKENFÖRMIGE.

Wir mögen sie alle. Und wollen dir nicht vorschreiben, welche du kaufen solltest. Nur so viel: Kauf dir mal die Bratwurst, die du immer schon gekauft hast. Ritze sie kreuzweise ein, vermenge Ketchup mit einem Schuss Ahornsirup und serviere das Ganze zusammen – auf Pappe mit einem Abreißbrötchen, versteht sich. Wir nennen das Igelbratwurst. Und lieben sie.

GERDA

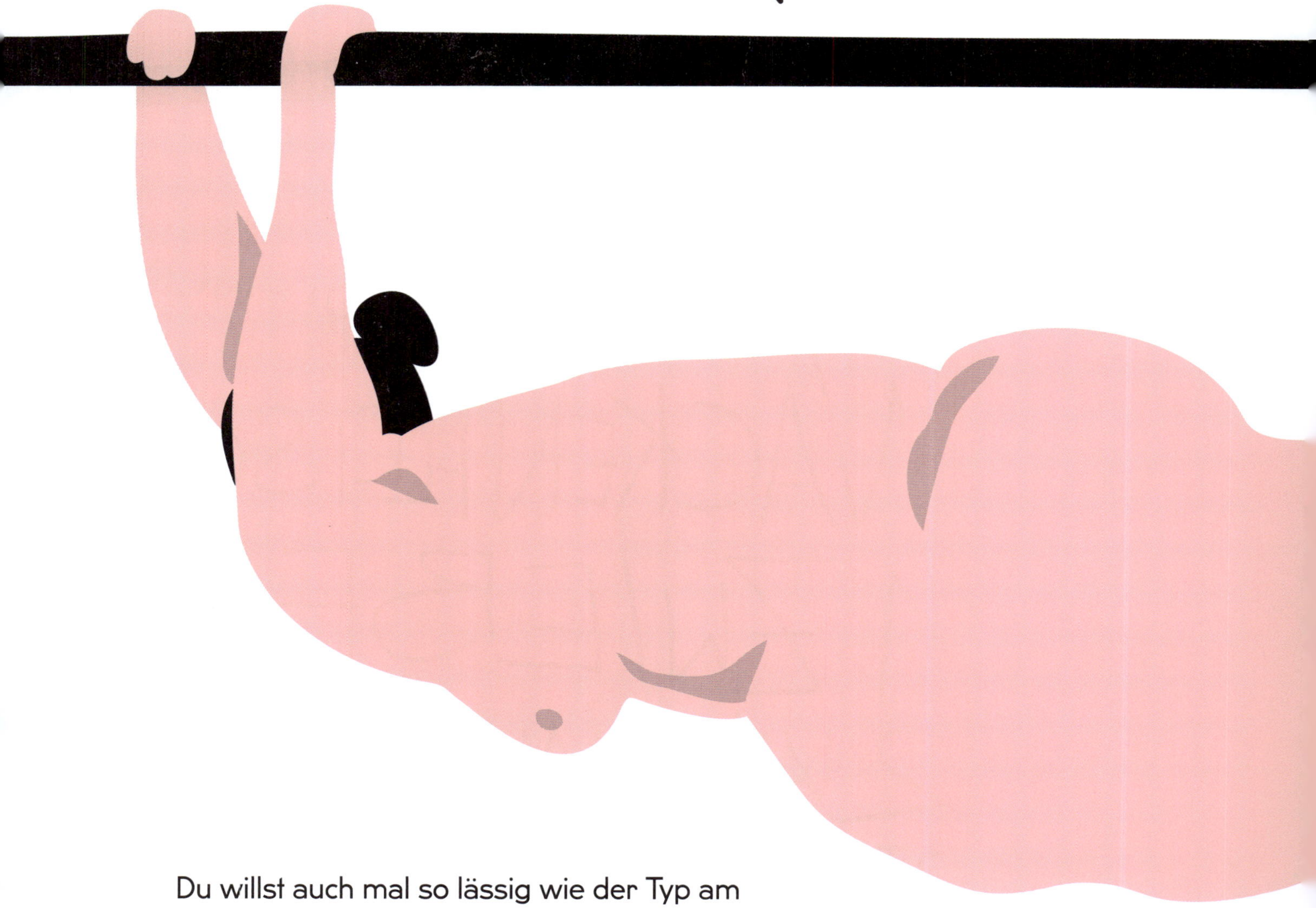

Du willst auch mal so lässig wie der Typ am Bahnhofs-Imbiss das große Messer schwingen? Willst deine Freunde fragen, ob sie „mit alles" und „extrascharf" haben wollen? Dann bau dir deinen eigenen Gyrosspieß. Du brauchst nur einen Drehspieß und kannst direkt loslegen.

GYROS

VOM SCHWEIN

NACKENFLEISCH

1 ZWIEBEL GROSS

2 KNOBLAUCHZEHEN

2TL OREGANO

2TL THYMIAN

3TL ROSMARIN

ETWAS PFEFFER

Das Nackenfleisch in daumendicke Stücke schneiden. Knoblauch, Oregano, Thymian, Rosmarin, und frisch gemahlenen Pfeffer im Mörser vermengen und über das geschnittene Fleisch geben.

Wir haben dir gar nicht geschrieben, wie viel Fleisch du brauchst? Ist ja auch schwer zu sagen. Es kommt auf deinen Spieß, deine Freunde, deren und deinen Hunger an. Rechne grob mit 300 Gramm pro Person.

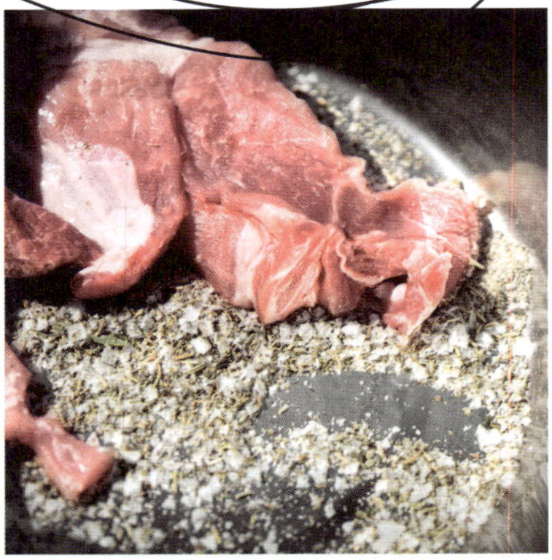

Auf den Spieß erst wirklich vorsichtig eine halbe große Zwiebel setzen und dabei aufpassen, dass du nicht selber zum Gyrosspieß wirst und dir die Spitze durch die Hand jagst. Du wärst nicht der Erste. Also lach nicht, sondern pass auf!

Danach das Fleisch so auf den Spieß auffädeln, dass es möglichst kompakt draufsitzt.

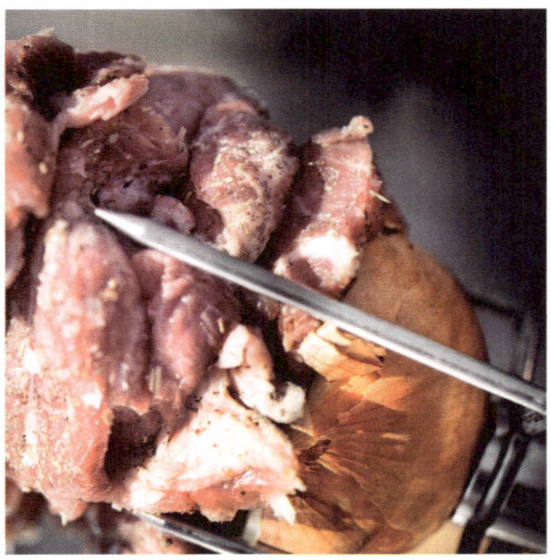

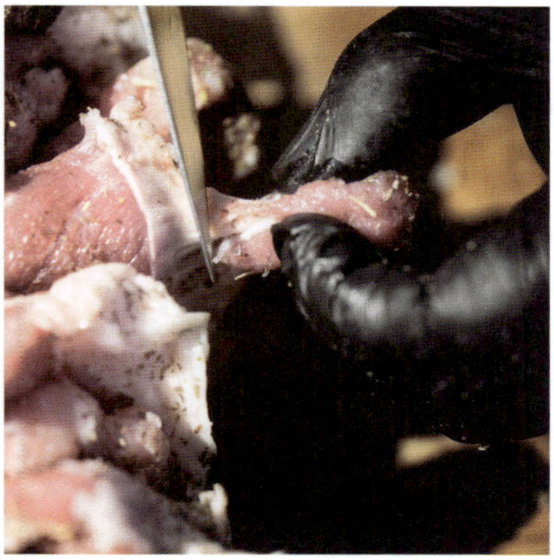

Alles, was jetzt aus der Reihe tanzt, brennt dir nachher an. Im Zweifel also jetzt schon zum Messer greifen und den Fleischspieß in XXL ein wenig stutzen.

Jetzt als Abschluss wieder eine halbe Zwiebel auffädeln, den Grill auf 180 bis 200 Grad hochjagen und dann den Drehspießmotor loslegen lassen.

Und denk dran: So ein Gyros isst man nicht auf einmal, sondern Stück für Stück. Also grillen, abschneiden, weiter grillen, wieder was runterschneiden. Das Gute daran: So viel Action macht hungrig.

Sobald sich außen eine Kruste bildet: Motor stoppen, mit einem sehr scharfen Messer dran entlang schneiden, weiter drehen und grillen lassen. Das Fleisch entweder in eine Pitatasche schieben, mit Reis, Krautsalat und ordentlich Tsatsiki servieren oder direkt vom Schneidebrett essen. Und sich fühlen wie der Mann mit dem großen Messer, ach was, mit dem Schwert am Bahnhof.

TSATSIKI
FINDEST DU
AUF SEITE 224

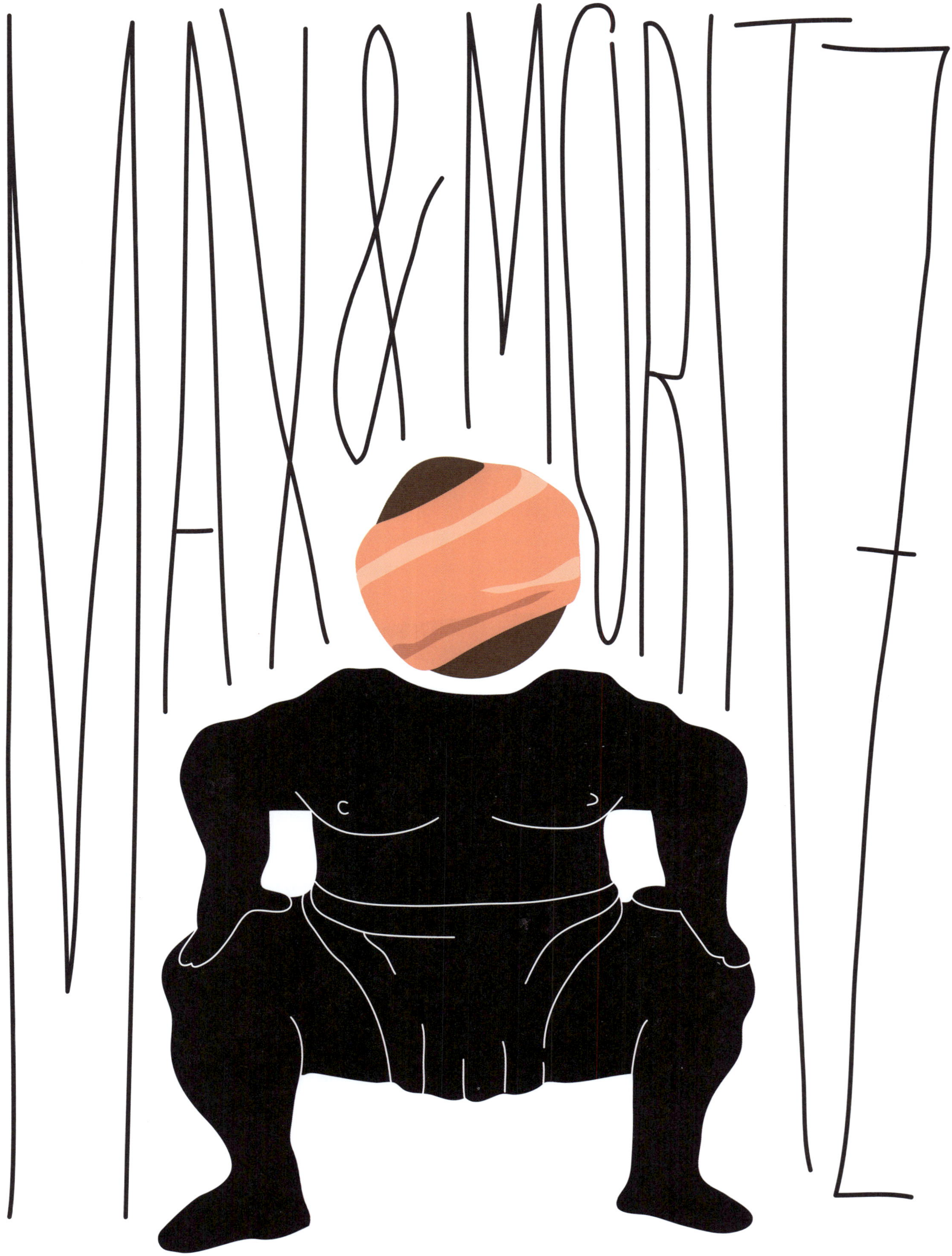
MAX & MORITZ

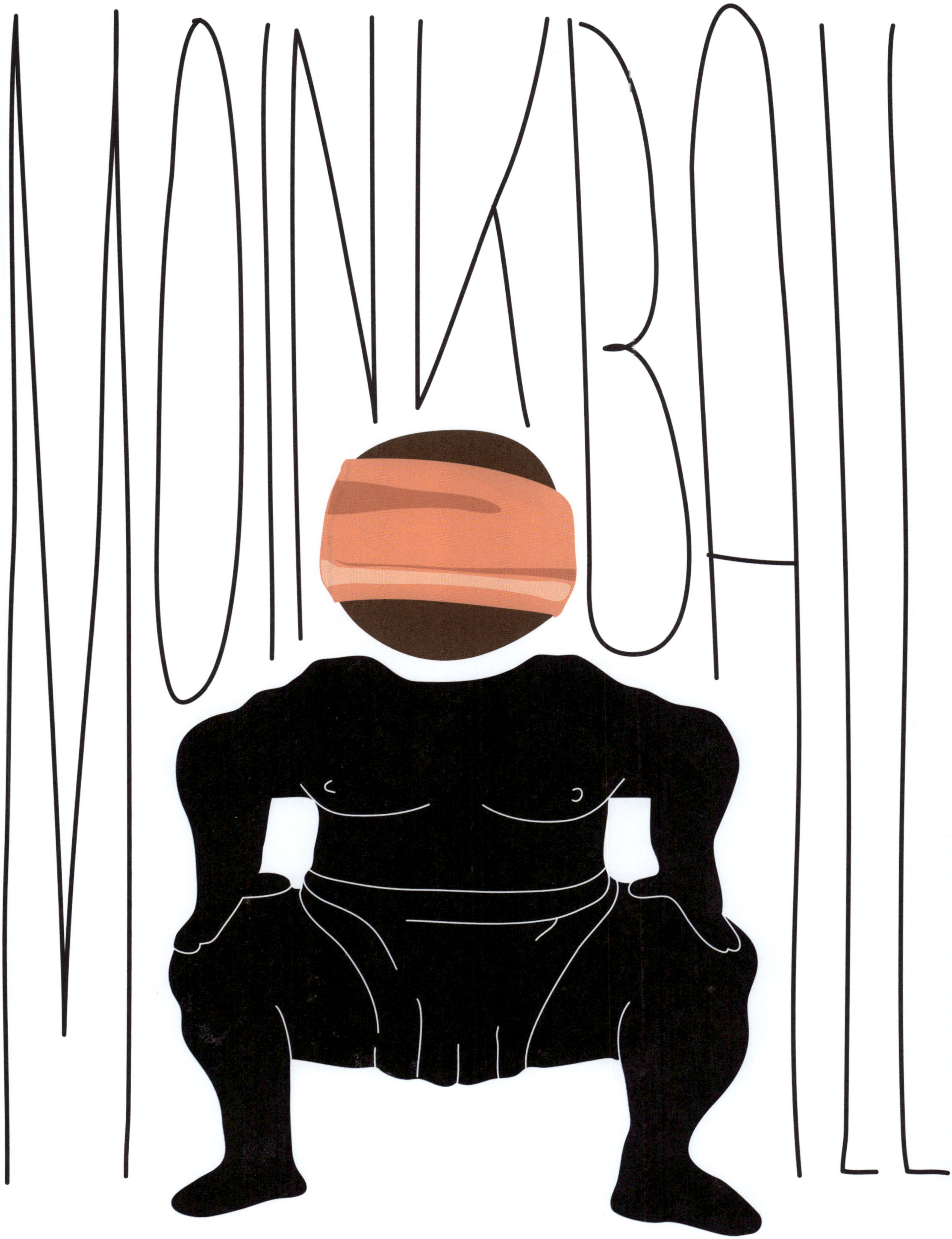
MONKBALL

DER VOLKSMUND SPRICHT JA VON MEATBALLS, ABER UNS GEFÄLLT DIE KOMBINATION AUS

MUH & OINK

EIGENTLICH VIEL BESSER.

Wer das hier Frikadelle nennt, ist eh raus. Also: Moinkballs.
Für den kleinen Hunger zwischendurch, als Appetizer oder einfach nur so.
Moinkballs gehen eigentlich immer.

1 KG RINDERHACK 20–25 % FETTANTEIL

25 SCHEIBEN BACON

250 ML BBQ-SOSSE

APFELSAFT ZUM BESPRÜHEN

Wir verzichten hier mal auf grammgenaue Mengenangaben, weil der Rub so gut ist, dass man von ihm am besten deutlich mehr herstellt, ihn in ein luftdicht zu verschließendes Gefäß abfüllt und immer wieder verwendet, wenn Fleisch nach Rub verlangt.

Also, je nach Platz im Regal: 1 Teil Kräuter der Provence, ½ Teil Knoblauchgranulat, ½ Teil Pfeffer, ½ Paprika edelsüß, 1 Teil Rohrzucker und ½ Teil Salz im Mörser klein stoßen und vermengen. Klaus spricht hier von einer echten Allzweckwaffe. Wer braucht da schon was industriell Zusammengemixtes und für vielviel Geld Verkauftes? Wir nicht. Du auch nicht.

PERFECT RUB

LOS GEHT'S

Das Hack und den Rub in einer großen Schüssel mit den Händen vermengen und jetzt wissen: Sowas macht man nur mit Einmalhandschuhen. Sonst gibt's 'ne Riesensauerei.

Also kräftig drin herumwühlen und dann immer, je nach Hunger, rund vierzig Gramm schwere Kugeln formen. Die am besten in den Händen drehen, quetschen und drücken, damit möglichst viel Luft aus den Fleischbällchen entweichen kann.

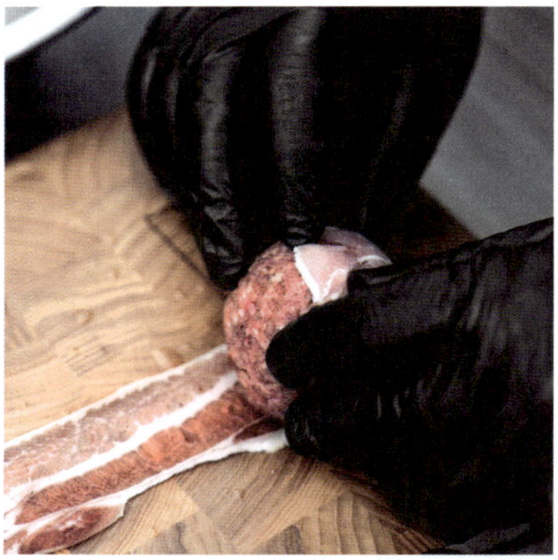

Jeden Fleischball auf einen von insgesamt drei Baconstreifen setzen und, ganz wichtig, mit viel Spannung einwickeln. Sonst wickelt die Hitze im Grill den Moinkball wieder aus. Und das soll und darf sie nicht.

Das Hackbällchen mit den drei Baconstreifen ein- und umwickeln und optimalerweise so enden, dass sich die Streifenenden unter dem Hackbällchen treffen.

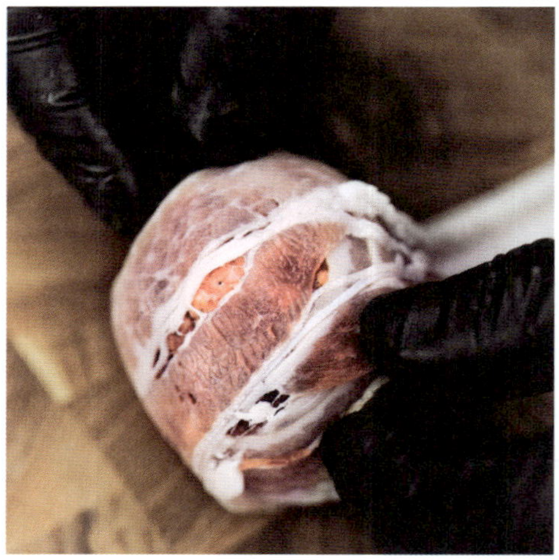

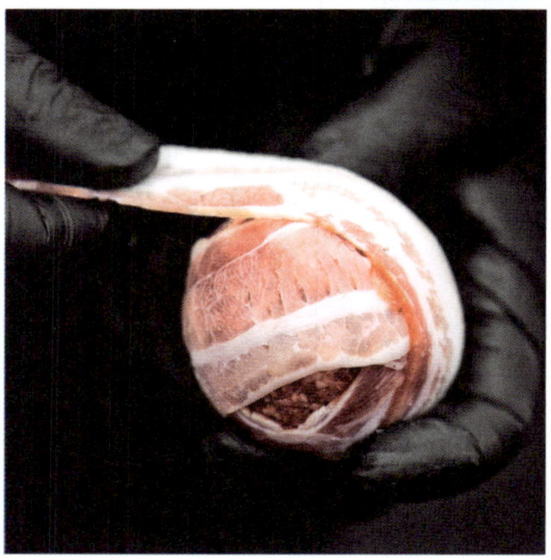

Ja, das sieht auf den Fotos leichter aus als selbst gemacht und liest sich auch viel lockerer, als es in der Realität ist. Da hilft nur:

ÜBEN ÜBEN ÜBEN!

Die Nachbarn werden sich bedanken.

Die Moinkballs auf den Rost setzen, mit Apfelsaft besprühen und bei indirekter Hitze und rund 120 Grad grillen. Wer mag, gibt noch ein wenig Räucherholz in die Glut und sorgt so für noch mehr Geschmack in Bacon und Bällchen.

NACH 40 MIN

den Mopp schwingen und die Moinkballs mit Barbequesoße glasieren.

Auch hier gilt: Wer mag, gibt Honig oder Ahornsirup zur Soße. Wer nicht, der nicht. Noch zwanzig weitere Minuten auf dem Grill lassen.

20 MIN

Jetzt sollte man aufpassen, dass nicht zu viele Neugierige neben dem Grill stehen und unbedingt mal probieren wollen. Wir können es ihnen nicht verdenken. Aber es soll ja auch noch irgendetwas auf Tisch und Teller ankommen.

Wer vom Rub nicht genug bekommen kann, streut sich am Ende noch etwas über die fertigen Moinkballs. Saulecker.

GRE
GOR
GRILL—
HENDL

Vom Grillhähnchenwagen schmeckt das Hähnchen gar nicht mal so schlecht. Sagt der, der so richtig viel Hunger hat und sich nicht anschaut, wie das Fett von ganz oben über all die darunter hängenden Tiere läuft, ehe es unten aufklatscht. Über die Qualität dieser Tiere macht man sich besser auch keine Gedanken, sondern geht pfeifend am Verkaufswagen vorbei und kauft das Wenige ein, was es für ein gutes Grillhähnchen braucht: Ein – oder besser gleich zwei – richtig große Bio-Hähnchen, ein paar Kräuter, Gewürze, Apfelsaft, fertig. Was du auch brauchst, ist ein Drehspieß. Vor dem stehen die meisten Grillkäufer ganz verzückt, wählen auf jeden Fall ein Modell mit Spieß aus und wundern sich nach Jahren, wozu eigentlich dieser Dolch gut ist, der sich unter dem Grill findet. Du ahnst es schon: Jetzt ist der richtige Zeitpunkt gekommen, um ihn endlich zu nutzen.

WIR ZEIGEN DIR GLEICH ZWEI ARTEN, WIE DU DEIN HÄHNCHEN WÜRZEN KANNST →

1.

Zitronenhuhn-Rub

JE 1 EL CHILIFLOCKEN
PFEFFER
SALZFLOCKEN
4 ZWEIGE ROSMARIN
SCHALE EINER BIO-ZITRONE

Für den Zitronenhuhn-Rub gibst du die Chiliflocken, Pfeffer und Salz in einen Mörser und legst schon mal kräftig los.

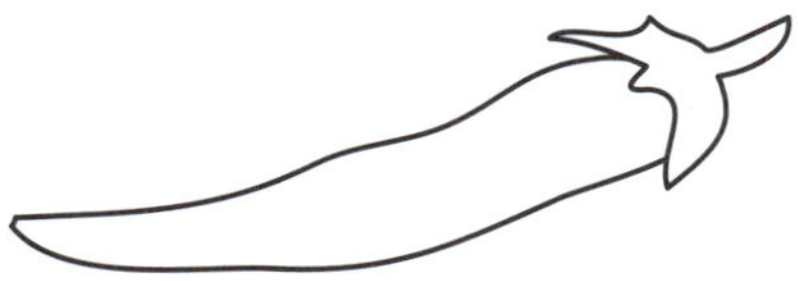

Zupf ein paar Rosmarinnadeln von den Zweigen und forme mit ihnen zwischen den Fingern eine Kugel.

=

So kannst du sie viel besser schneiden und erhältst gleichmäßige Stücke.

Rosmarin und klein geschnittene Stücke der Bio-Zitronenschale mit in den Mörser geben, weiter stoßen und gut rühren.

2.

Curryhuhn-Rub

1 ½ TL SALZ
1 TL SCHWARZER PFEFFER
½ TL KNOBLAUCHGRANULAT
1 TL CURRYPULVER
1 TL PAPRIKAPULVER

DU HAST DIE WAHL.

Beim Curryhuhn-Rub geht's ein wenig indisch zu. Salz, schwarzen Pfeffer, Knoblauchgranulat, Currypulver und Paprikapulver (du entscheidest, ob scharf oder süß) in einen Mörser geben …

… und alles gut miteinander vermengen.

Schmeiss den Grill an →

Rub ist fertig?
Dann kommt jetzt das Fleisch ins Spiel: Beim Befüllen des Hähnchens nicht zu geizig sein – also rein damit und mit den Fingern richtig fest drücken. Wenn du dich für den Zitronenhuhn-Rub entschieden hast, gib noch ein paar Rosmarinzweige und Zitronenspalten dazu.

Wenn deine Wahl auf den Curryhuhn-Rub gefallen ist, solltest du auf Zitronen und Rosmarin verzichten – auch, wenn es schwerfällt.

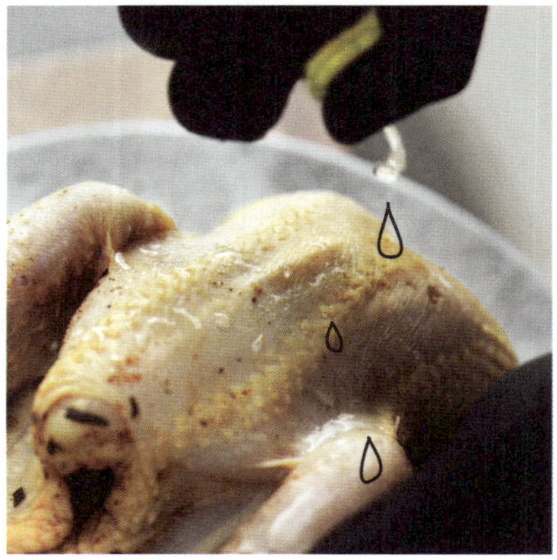

Apfelsaft auf die Haut träufeln, verreiben bis in die letzten Ecken (wie beim eigenen Waschen die Achseln nicht vergessen), die Hühnchenhaut mit dem Rub bestreuen, gut einreiben – fertig.

Jetzt den Spieß in die eine und das Hähnchen in die andere Hand nehmen und es langsam aufspießen. Dass hier Vorsicht geboten ist, versteht sich von alleine – schließlich soll das Hähnchen aufgespießt werden, nicht du.

Das Tier so kompakt und nah wie möglich auf den Spieß setzen und aufpassen, dass Keule oder Flügel nicht herunterhängen – sie würden sonst später verbrennen.

Nimm dir Zeit, bau den Spieß ganz in Ruhe zusammen, ehe es ab damit auf den Grill geht.

TIPP

Wenn du – wie wir – mit Kohle grillst, dann schieb sie so zur Seite, dass der Gockel nicht die volle Hitze direkt von unten, sondern besser indirekt abbekommt. Grillst du mit dem Gasgrill, dann nutz deinen Heckbrenner.

Sitzt alles perfekt, kann es losgehen. Jetzt brauchst du nur noch Geduld und ein gutes Auge.

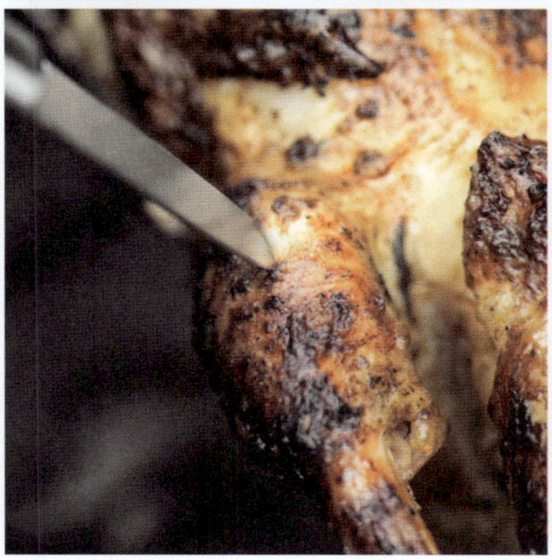

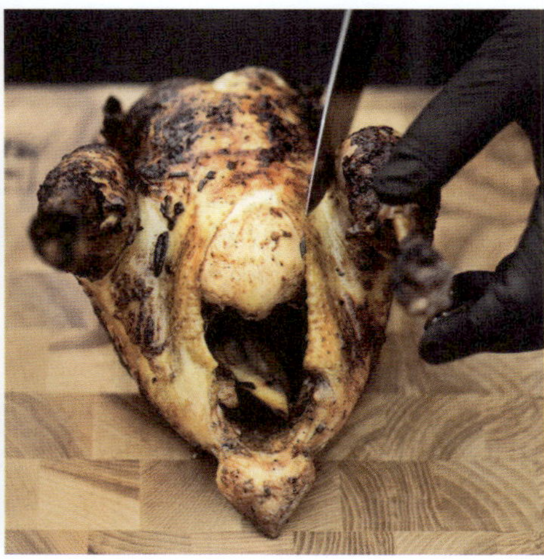

Wenn die Haut schön braun ist, stich mit einem kleinen Messer in die Keule. Tritt dann ein wenig Saft aus, ist dein Grillhähnchen perfekt. Und jeglicher Gedanke an den fettigen Grillhähnchenwagen vom Supermarktparkplatz längst verflogen.

MAN KENNT DAS JA:
SELBER HAT MAN BOCK
AUF STEAK, ABER AN DER
FLEISCHTHEKE GIBT ES NUR

NACKENSTEAK

UND DIE FRAU MECKERT
WEIL DAS SO KNORPELIG IST.
DA HILFT NUR EIN TRICK:

Nackensteak dennoch kaufen und
das Nörgeln der Frau irgendwie ertragen.

FERDI FLATPORK

4 NACKEN-STEAKS & MAGIC DUST

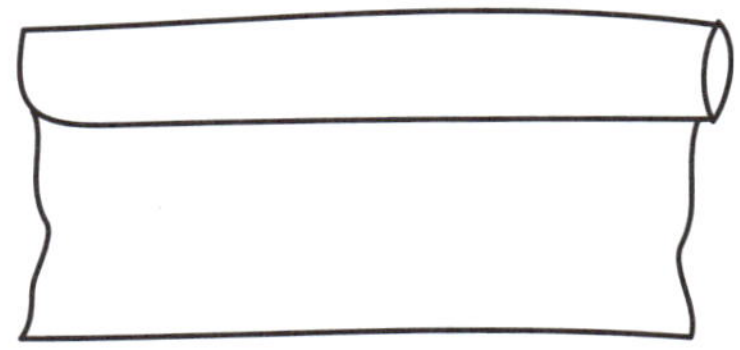

Zuhause dann –
hoffentlich erfolgreich –
nach Frischhaltefolie suchen
und das Nackensteak damit
einwickeln.

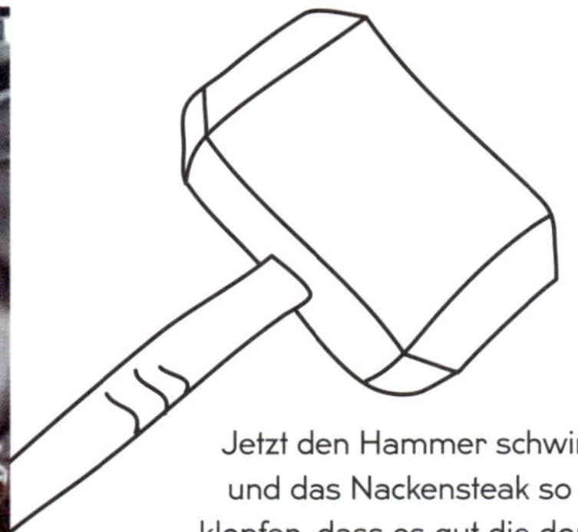

Jetzt den Hammer schwingen
und das Nackensteak so platt
klopfen, dass es gut die doppelte,
wenn nicht sogar die dreifache
Größe annimmt.

Jetzt ist es dünn wie Papier
oder, naja, eher Pappe, die
Knorpel sind zertrümmert und
die fettigen Teile so dünn, dass
sie auf dem Grill schnell zu
einem gut schmeckenden Hauch
von Nichts werden.

Das Steak wieder auswickeln,
mit dem Gewürz der Wahl –
wir haben uns ganz klassisch für
Magic Dust entschieden – bestäuben.
Oder besser: darin wälzen und ab
damit auf den Grill.

200°

sind genau passend. Und aufgepasst,
so dünn wie das Steak jetzt ist, so
kurz muss es nur auf die Flamme.
Also schnell wieder runter damit, das
Messer ansetzen, in Streifen schneiden
und wissen: Ab sofort läuft das an der
Fleischtheke mit dem Steak und der
Frau ganz anders. Manchmal bewirkt
ein Hammer eben echte Wunder.

FLACH UND ALLES ANDERE ALS PLATT

PROFESSOR
PIZZA

TEIG

1 KILO MEHL TYP 00
1 EL FEINES MEERSALZ
1 WÜRFEL FRISCHE HEFE
4 EL MILDES OLIVENÖL
650 ML LAUWARMES WASSER

Das soll Pizza für vier Personen ergeben. Öhm, vielleicht für vier sehr hungrige Pizzaliebhaber. Also: Nimm dieses Rezept und lad dir noch ein halbes Dutzend Freunde ein. Für die reicht es allemal.

Klebt sie fest? Oder suppt die Tomatensoße durch? Bekomme ich sie überhaupt von der Arbeitsplatte runter? Und wie lange lasse ich sie eigentlich bei wie viel Grad im Ofen, da mit sie nicht labbrig, sondern knusprig wird und doch nicht anbrennt? Viele Geschichten und auch ein paar Mythen ranken sich um die Pizza aus dem Ofen. Und eine davon ist von uns.

BELAG

1 DOSE TOMATEN (STÜCKIG)
250 G MOZZARELLA
250 G SERRANOSCHINKEN
1 BUND RUCOLA
OLIVENÖL
SALZ + PFEFFER

Wer Pizza backen will, braucht italienisches 00-Mehl. Ohne das geht es nicht. Da können sie dir noch so viel von anderen Geheimrezepten erzählen: Das Mehl ist das A und O und die Null. Besser: die Doppelnull.

Also rein damit in die Rührschüssel, in der Mitte mit zwei Fingern eine kleine Kuhle, keine Grube, graben, Hefe in Stücken hineingeben und lauwarmes Wasser dazugießen.

Salz und einen Schwung Olivenöl dazugeben und dann vorsichtig anfangen, einen Teig daraus zu kneten.

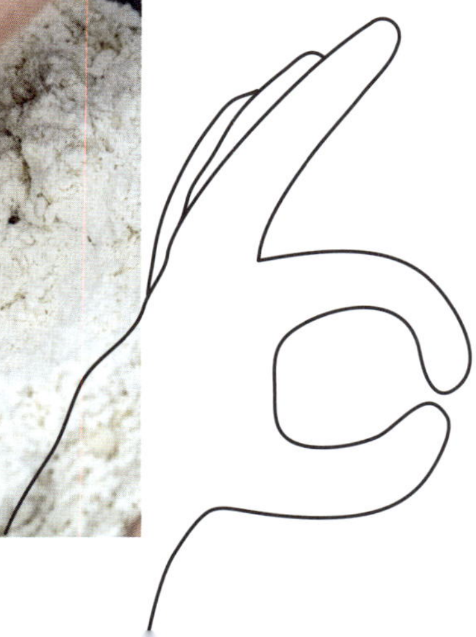

Hier ist nicht die Power der Küchenmaschine, sondern erst die Sensibilität, dann die Druckkraft der menschlichen Hände gefragt.

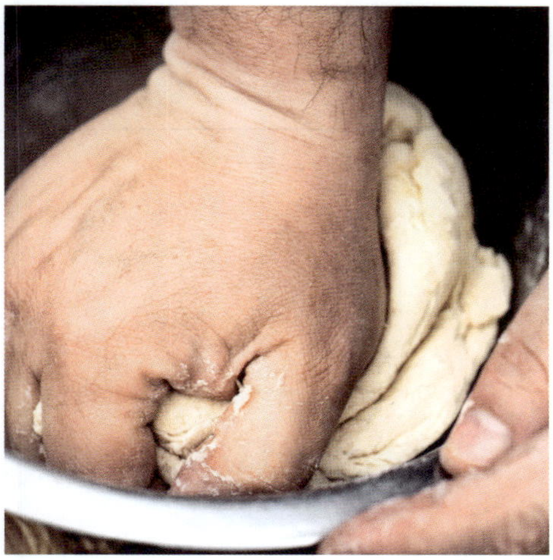

Also: Ärmel hoch und losgeknetet, bis eine schöne Kugel entsteht.

Die Teigkugel weglegen und gehen lassen.

3x

Nach dreißig Minuten wieder hervorholen, wieder durchkneten, wieder weglegen. Und das Ganze noch ein Mal wiederholen, denn ein guter Pizzateig will drei Mal gehen, ehe er portioniert und, wie man so sagt, geschliffen wird.

Dazu drückt man ihn mit beiden Daumen von unten nach oben und gleichzeitig nach außen, sodass eine ganz wunderbare Oberflächenspannung entsteht. Du kannst den Teig ziehen und drücken und kneten, bis er so groß und dünn ist, wie es dir gefällt.

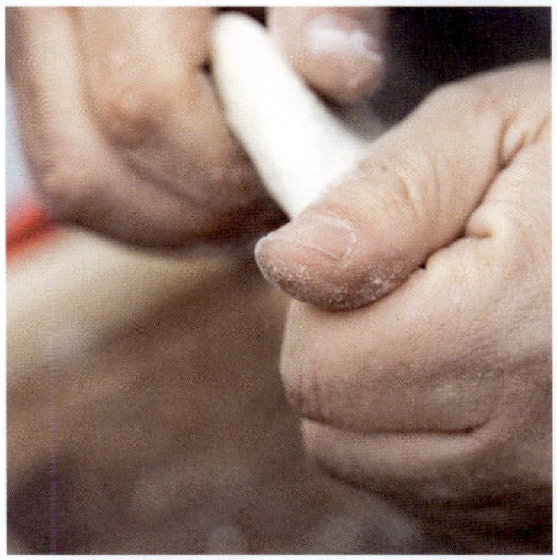

Ganz nebenbei: Muss es wirklich eine große Pizza sein? Oder sollen es nicht vielleicht doch lieber viele kleine und unterschiedlich belegte Pizzen sein? Denk mal drüber nach. Aber nicht zu lange, denn deine Pizza will jetzt mit Tomatenstücken aus der Dose bestrichen werden. Nun heißt es: schnell sein. Denn wenn der Teig zu viel Feuchtigkeit der Tomaten aufnimmt, wird er matschig und will weder auf den Grill noch davon wieder runter.

Apropos: Du hast natürlich – nicht wie wir – den Pizzastein vergessen, sondern ihn längst auf dem Grill platziert.

ALSO:

Tomatensoße drauf, Thymian drauf, Mozzarella drauf.

Damit die Pizza nicht anbackt, das Ganze auf ein Backpapier schieben oder von Anfang an drauf zubereiten und so auf den Pizzastein legen.

1 MINUTE

Nach einer Minute ist der Teig fest, ohne festzupappen, das Backpapier lässt sich einfach drunter wegziehen und die Pizza backt in Ruhe weiter.

XXX °C

Bleibt die Frage nach der Temperatur. 400 Grad sind das Maximum. Sagen die, deren Autos genauso viel PS zählen und immer im Maximum leben. 250 Grad reichen auch, sagen wir. Hauptsache, du hast ein Auge auf die Pizza und passt den perfekten Zeitpunkt ab, wenn sie fertig ist. Dann runter vom Pizzastein, rauf aufs Brett.

Rucola, Serranoschinken und Olivenöl drauf und beim nächsten Mal überlegen, ob dieser Belag zwar klassisch, aber auf die Dauer nicht ein wenig einfallslos ist.

TIPP

Nix ist verboten.

TIPP

Probier es mal mit frischen Feigen.

SCHORSCH
SCHICHTFLEISCH

500 G FLEISCH VON DER OBERSCHALE
500 G KARTOFFELN
500 G ZWIEBELN
500 G PAPRIKA
500 ML BBQ-SOSSE
30 G SALZ
100 G ROHRZUCKER
20 G PFEFFER
20 G PAPRIKA SÜSS
20 G KNOBLAUCHGRANULAT
5 G CHILI

SELTEN IST GRILLEN
EINFACHER ALS HIER.
DUTCH OVEN AUF,
ALLE ZUTATEN SCHICHTEN,
DECKEL DRAUF, HEISSE KOHLE
DRAUF UND DRUNTER
UND FERTIG IST DAS
KOMPLETTGERICHT.

ABER SOOOOOOOOOOOOO EINFACH IST ES DANN DOCH NICHT.

Erste Hürde: das richtige Fleisch. Normal ist: jede Menge Nackensteak. Aber wer is(s)t schon gerne normal? Also nehmen wir lieber Schweinefleisch aus der Oberschale. Weil es nicht ganz so von Fett durchzogen ist und besser zum Dutch Oven passt.

Fleisch in daumendicke Scheiben schneiden.

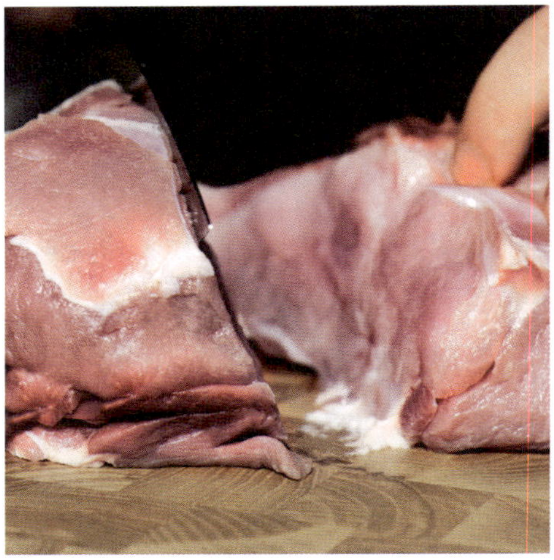

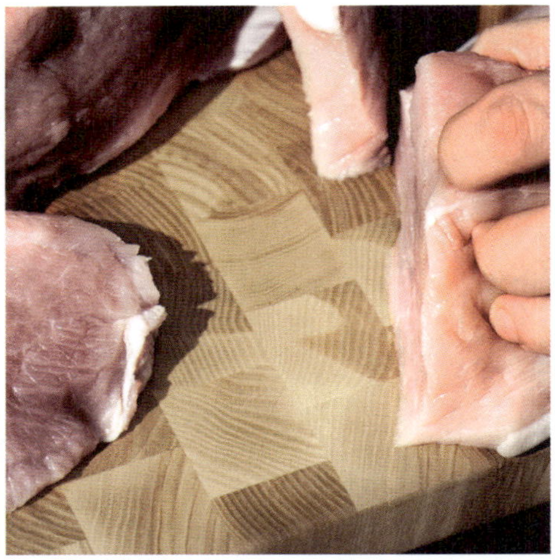

Für den Rub das Salz, Rohrzucker, Pfeffer, Paprikapulver, geriebenen Knoblauch und Chili in eine Schüssel geben und mit den Händen vermengen. Einen Mörser? Brauchst du hier nicht.

Das Fleisch zum Rub in die Schüssel geben und mit den Händen alles gut vermischen.

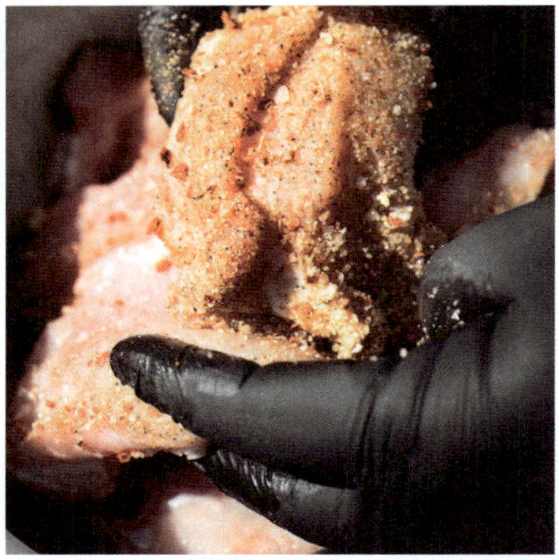

Kartoffeln, Zwiebeln und Paprika in gleich große Scheiben schneiden …

… und dann mit dem Schichten beginnen.

Das geschieht am besten nach Lust und Laune. Wichtig ist aber, dass du die einzelnen Lagen immer kräftig zusammendrückst, damit am Ende der Dutch Oven komplett gefüllt ist.

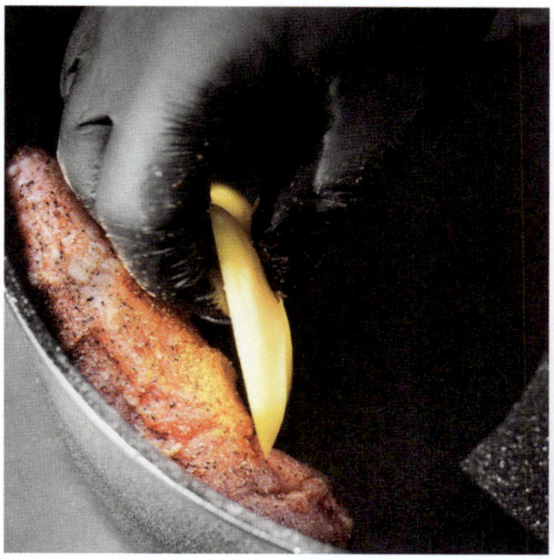

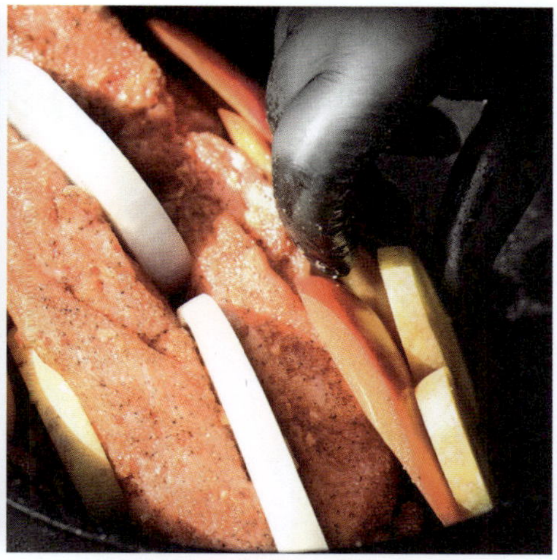

Jetzt noch die Barbequesoße großzügig über das Schichtfleisch geben.

UND AB AUF DEN GRILL DAMIT!

Der Traditionsbewusste stellt den Dutch Oven auf glühende Kohlen und legt davon noch einige auf den Deckel. Wir entscheiden uns für den Gasgrill und lassen das Ganze hier bei rund 150 Grad vor sich hinköcheln. Auch wenn es schwerfällt: Nur selten den Deckel öffnen und auf keinen Fall umrühren.

Irgendwann ist der Punkt erreicht, an dem das Fleisch zerfällt und Kartoffeln, Zwiebeln und Paprika durch sind. Das kann schon mal neunzig Minuten oder länger dauern. Zu lange geht hier eigentlich nicht – Geduld ist Trumpf. Jetzt runter mit dem Dutch Oven vom Grill und rauf auf den Tisch.

Wer es so richtig rustikal mag, der verteilt an seine Gäste Löffel und Gabeln, verzichtet auf Teller und isst direkt aus dem Topf. Das Gericht ist wie gemacht dafür. Und deine Gäste sowieso.

RIPPCHEN

DER KLASSIKER

unter den Grillgerichten, wenn es nach dem Normalo-Restaurant um die Ecke geht. Eingekauft im Großhandel, wo die Rippchen schon vorgegart und mit Barbequesoße nur so überschüttet wurden, gehen sie noch mal kurz in eine kleine Aufwärmphase und werden dann im All you can eat-Style verkauft. Viel schafft man davon nicht. Was kein Wunder ist. Weil sie dich schaffen. Aber es geht auch ganz anders. Und vor allem: langsamer.

4 SCHWEINERIPPEN (LEITERN)
½ KNOBLAUCHZEHE
1 TL KRÄUTER DER PROVENCE
½ TL SCHWARZER PFEFFER
½ TL PAPRIKAPULVER EDELSÜSS
1 ½ TL SALZ
ROHRZUCKER
HONIG
APFELSAFT
ETWAS BUTTER
200 ML BBQ-SOSSE

BRING ZEIT MIT:
6 STUNDEN

Für Rippchen brauchst du Zeit. Als Faustregel gilt: drei Stunden smoken, zwei Stunden dämpfen, eine Stunde glasieren. Also am besten erst einmal den Keramikgrill anheizen und auf die Glut gewässerte Holzstückchen werfen. Erwarte hier bitte keine Holzart-Philosophiestunde – deine Nase, dein Gaumen, dein Geschmack entscheiden. Wichtig ist jetzt, dass es kräftig dampft und raucht.

Für den Rub eine halbe Knoblauchzehe klein hacken und mit Kräutern der Provence, Pfeffer, Paprika, Salz und Rohrzucker im Mörser vermengen. Beiseite stellen.

Die Rippchen von überhängendem Fleisch befreien und die Silberhaut entfernen. Dazu den Stiel eines Löffels unter die silbrigweiß glänzende Haut schieben und sie so anheben. Fest zupacken und die Haut abziehen.

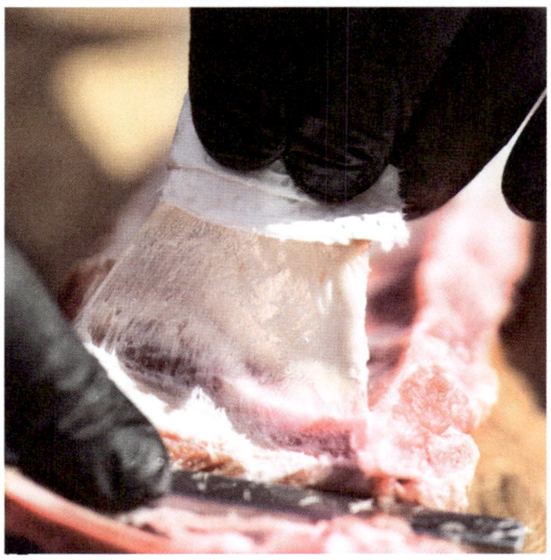

TIPP

Glitscht sie immer wieder aus den Händen, dann Haushaltspapier nehmen und damit noch kräftiger zupacken.

Die Rippchen von allen Seiten mit dem Rub bestreuen und festdrücken.

Staple die Rippchen beim Rubben. Dann drückt sich die Gewürzmischung noch besser an und kommt wirklich in jede Ritze.

Ab damit auf den Grill und bei 110 Grad räuchern lassen.

Apfelsaft in eine Sprühflasche füllen und die Rippchen immer wieder damit besprühen.

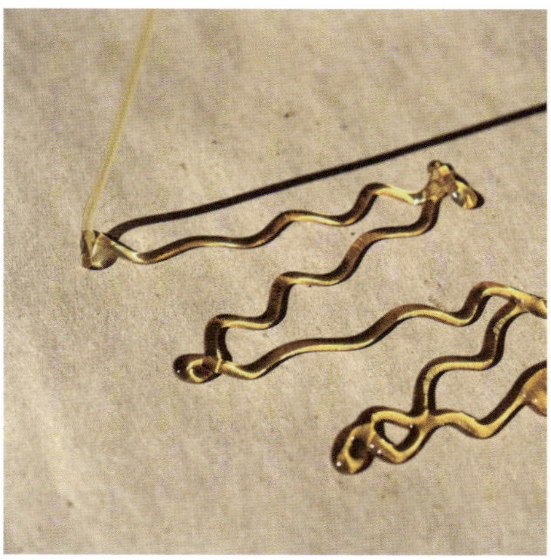

3 STUNDEN

Nach drei Stunden Räucherzeit ein schickes Honig-Rohrzucker-Muster auf ein Butcherpapier (Backpapier tut's auch) fließen lassen…

... gesmokte Rippchen draufsetzen und das Fleisch noch einmal mit Honig und Rohrzucker toppen. Hier nicht – wie eigentlich auch sonst nirgends im Leben – geizig sein.

Noch ein paar Butterflocken auf das Fleisch legen und das Ganze zu einem schicken Paket verpacken.

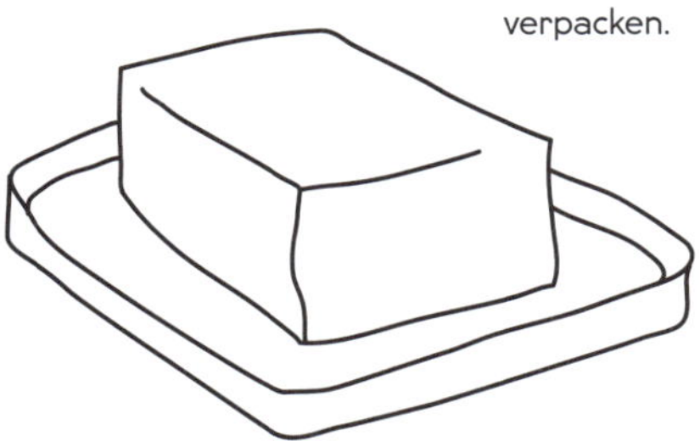

MAX. 120°

Ab damit auf den Grill und weiter bei nie mehr als 120 Grad vor sich hin dämpfen lassen.

Barbequesoße mit etwas Rohrzucker und Apfelsaft vermengen.

2 STUNDEN

Die Rippchen nach weiteren zwei Stunden auspacken und den Saft, der sich im Butcherpapier gebildet hat, ebenfalls in die Barbequesoße gießen.

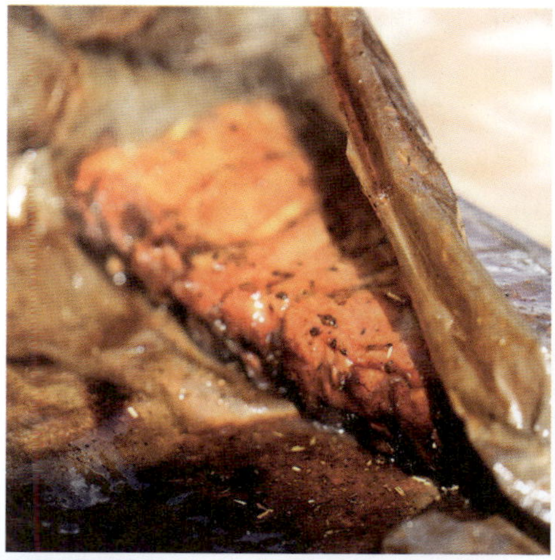

Diesen Mix mit einem Mopp oder einem Pinsel auf die Spareribs streichen.

1 STUNDE GLASIEREN

Nach einer Stunde sind die Rippchen so weich, dass sich die Knochen einfach aus dem Fleisch ziehen lassen. Und schon bekommt All you can eat 'ne ganze neue Bedeutung.

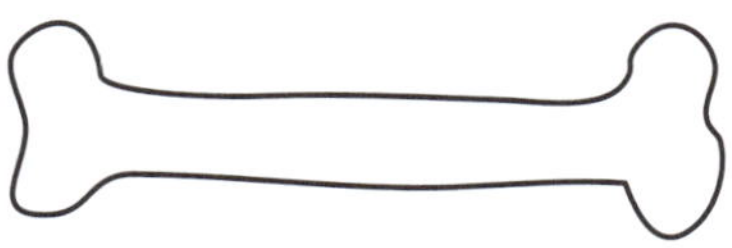

DU MAGST ES INTENSIVER?
DANN MACH DIR
BEEF RIBS. →

DU BRAUCHST:

- 4 Beef Ribs
- 1 TL Knoblauchgranulat
- 1 TL schwarzer Pfeffer
- 2 EL grobes Meersalz
- 2 EL Paprikapulver
- Honig
- Rohrzucker
- 200 ml BBQ-Soße

Die Beef Ribs bekommst du beim Schlachter deines Vertrauens, manchmal auch im sehr gut ausgestatteten Supermarkt. Dann heißen sie auch schon mal Suppenrippchen. Was sie billiger macht. Und doch das Gleiche meint. Also: Wenn du danach suchst, dann findest du sie auch. Und dann kann es schon losgehen.

Auf der einen Seite die Silberhaut mit dem Stiel eines Löffels oder einer Gabel entfernen. Auf der anderen Seite das Fett einscheiden und davon auch Teile wegnehmen. Am Ende sollte man viel Fleisch sehen – und wenig drumherum.

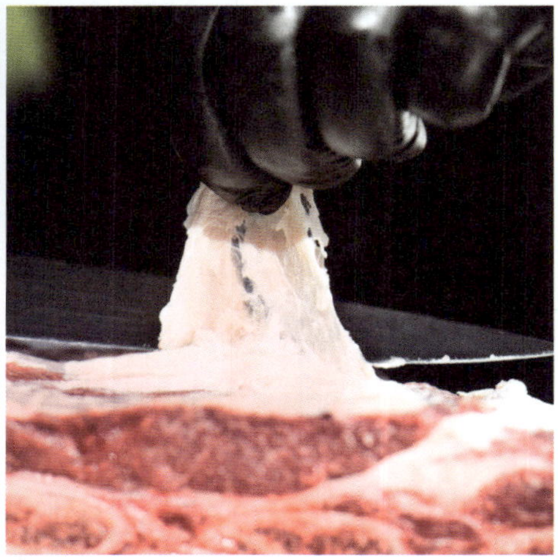

RUB

Knoblauchgranulat
Schwarzen Pfeffer
Grobes Meersalz
Paprikapulver
Rohrzucker

} VERMENGEN

Mit diesem Rub das Fleisch von allen Seiten einreiben und dann noch einmal festdrücken.

Holz auf die Glut geben, damit der Kugel- oder der Keramikgrill kräftig zu rauchen beginnt.

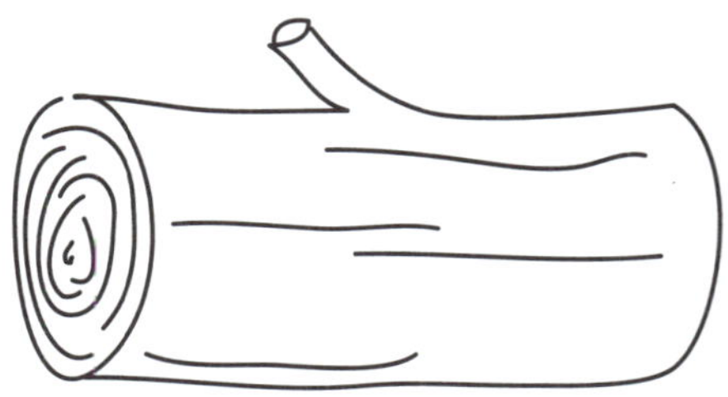

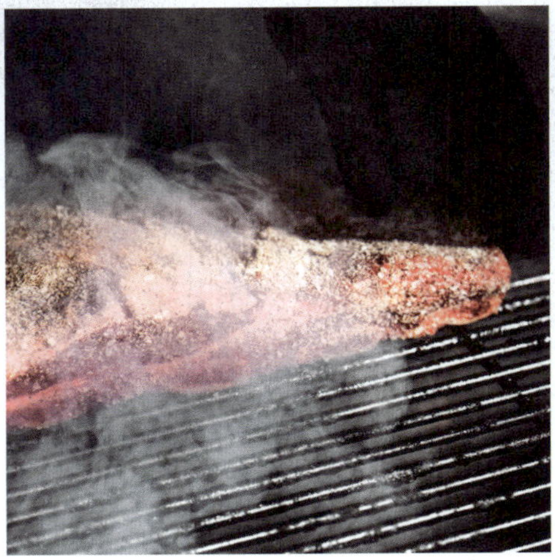

Die Beef Ribs bei rund
110 Grad im Rauch garen.

3 Stunden

Anschließend die Ribs mit Honig
begießen und mit Rohrzucker bestreuen.

Ordentlich in
Butcherpapier oder Backpapier
einpacken.

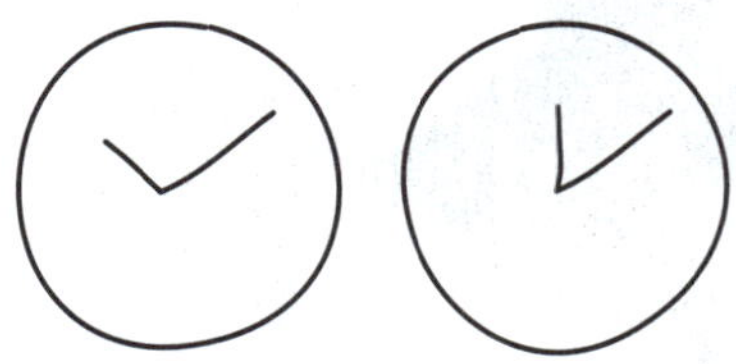

Zwei weitere Stunden garen
sie nun so weiter.

Etwas Barbequesoße mit der aufgefangenen Flüssigkeit aus dem Butcherpapier vermengen und damit die ausgepackten Rippchen einmoppen.

WARUM MOPPEN UND NICHT PINSELN?

So verstreichst du den Rub nicht.

Noch einmal eine Stunde lang bei 140 Grad grillen.

TEST

Lassen sich die Knochen mit der Hand aus dem Fleisch lösen? Wenn das klappt, hast du alles richtig gemacht.

FERTIG!

DR
(HOT)
DOG

4 HOT DOG-BRÖTCHEN
4 KRAKAUER-WÜRSTCHEN
500 G ZWIEBELN
150 ML BALSAMICO-ESSIG (DUNKEL)
100 G BUTTER
150 G ROHRZUCKER
ETWAS ZUPFSALAT
200 G FETA-KÄSE

Natürlich reichen vier Hot Dogs nicht für vier Personen. Acht wahrscheinlich auch nicht, wenn man diese hier erst einmal probiert hat.

Also entscheide selber, wie viele Brötchen und Würstchen du kaufst. Die Balsamico-Zwiebeln sind so gerechnet, dass sie für noch ein paar Hot Dogs mehr reichen. Für dich. Und deine Freunde.

Hot Dog, das klingt nach schwedischem Möbelhaus, pappigem Brötchen, labbriger Wurst, vielviel Ketchup und noch viel mehr Nichts. Einen Euro auf die Theke legen, Hot Dog zusammenbauen, kleckern, aufessen, sehr satt fühlen, sehr schnell wieder sehr viel Hunger haben – das kennst du bestimmt. Es geht aber auch ganz anders.

Eine Pfanne aus Guss auf den Grill stellen und in ihr Butter schmelzen lassen. Gehackte Zwiebeln dazu, ein bisschen warten, ein bisschen umrühren und schon mal am Duft erfreuen.

Wenn die Zwiebeln schwitzen, Rohrzucker dazugeben, das Ganze verrühren.

Nun färbt sich die Zwiebel-Zucker-Essig-Mischung ganz wunderbar bräunlich, die Zwiebeln werden glasig und es riecht so gut, dass du auffällig häufig abschmecken wirst.

Genug probiert! Jetzt um die Krakauer-Würstchen kümmern. Krakauer deshalb, weil sie eine ordentliche Portion Würze mitbringen. Das mögen wir als normale Bratwurst nicht wirklich gerne, hier aber passen sie perfekt.

Die Haut vorsichtig mit einem Messer einritzen, aber nicht zu tief schneiden. So kann sich die Hitze besser in der Wurst breitmachen.

ABER:

Die Wurst erst einmal im indirekten Teil deines Grills langsam anwärmen.

Zwischenzeitlich um die Hot Dog-Brötchen kümmern, auf den oberen Teil deines Grills legen und so erwärmen.

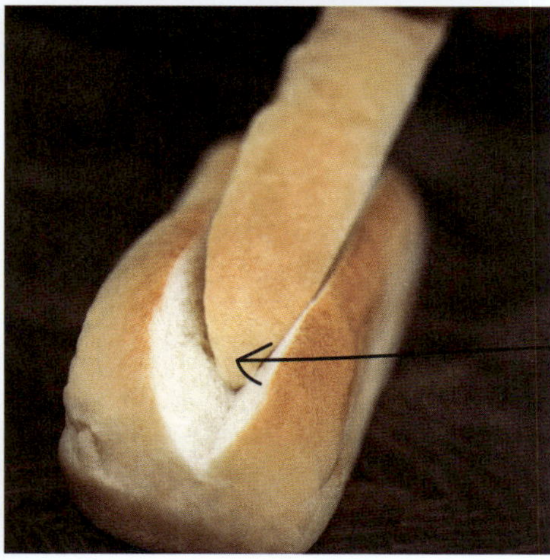

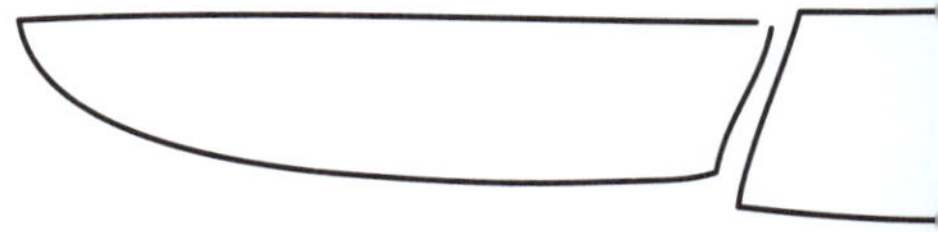

Hot Dog-Brötchen vom Grill nehmen und nicht einen klassischen Schnitt setzen, sondern oben eine Ecke rausschneiden. Die frisst gerne der Hund. In die so entstandene Lücke den Salat legen.

Die Würstchen rüber auf den heißen Bereich deines Grills legen und aufpassen: Jetzt geht's schnell. Sobald sie eine schöne, krosse und braune Kruste entwickelt haben, weg vom Grill und rauf aufs Hot Dog-Brötchen.

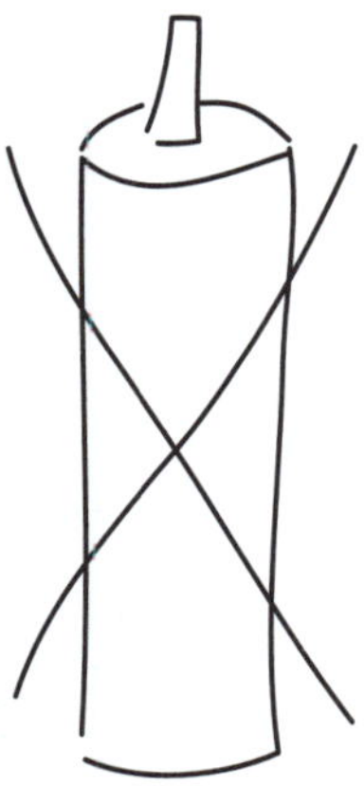

Die Balsamico-Zwiebeln drüber geben, Feta draufstreuen und tatsächlich keinen Ketchup, keinen Senf, keine Mayonnaise benutzen.

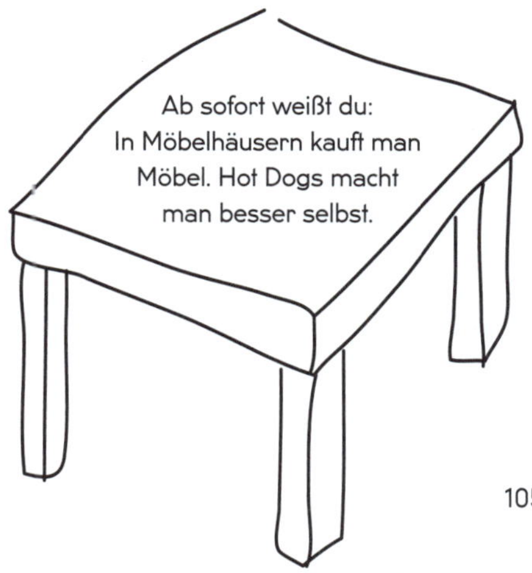

Ab sofort weißt du: In Möbelhäusern kauft man Möbel. Hot Dogs macht man besser selbst.

CHINO CHILI CON CARNE

Ein Chili gibt es heutzutage an jeder Stelle – sogar im Speisewagen der Deutschen Bahn. Aber ein richtig gutes Chili? Ist schwer zu bekommen. Weil da einfach viel zu viel mit Fertigprodukten gearbeitet wird – und man bei einem guten Chili nicht rumexperimentieren sollte, sondern besser bei den klassischen Zutaten bleibt. So ein Chili schmeckt natürlich am besten im Winter. Oder im Frühling. Herbst wäre auch nicht schlecht. Und im Sommer, wenn der Abend schön war, aber es so langsam kalt wird? Wärmt ein Chili ganz wunderbar. Es lässt sich sogar für schlechte, sprich kalte, sprich dann doch gar nicht so schlechte Tage einfrieren. Wenn denn was übrig bleibt. Wir empfehlen, gleich zwölf Portionen zuzubereiten, weil ein Chili aus einem großen Topf gleich noch viel besser schmeckt als eins, das in einem winzigen Töpfchen zubereitet wurde.

1 KILO HACKFLEISCH VOM RIND
500 G PILZE
6 ZWIEBELN MITTELGROSS
4 KNOBLAUCHZEHEN
1 TL OREGANO
2 EL CHILIPULVER ODER CAYENNE-PFEFFER
150 G TOMATENMARK
2 PAPRIKA
1 DOSE ANANASSTÜCKE
1 BECHER CRÈME FRAÎCHE
1 LITER RINDERBRÜHE
½ TAFEL ZARTBITTERSCHOKOLADE
1 GROSSE DOSE KIDNEYBOHNEN
1 DOSE MAIS
1 BUND FRÜHLINGSZWIEBELN
ETWAS SALZ, PFEFFER UND ÖL

Wir starten – wenig überraschend – mit dem Anbraten des Hackfleisches in ein wenig Öl.

WICHTIG!

Das Rinderhack sollte nicht nur ein wenig vor sich hin schwitzen, sondern so scharf angebraten werden, dass es knusprig braun wird.

Am besten macht man es beim Chili so, dass man sich vorab mit Freunden zusammensetzt und schon mal alle Zutaten würfelt und hackt. Macht in der Gruppe viel mehr Freude, auch wenn am Ende alle das Resultat für sich reklamieren werden. Du weißt es besser, aber lass sie einfach gewähren.

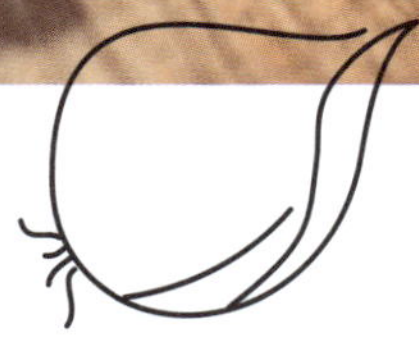

Dann die klein geschnittenen Zwiebeln, die Pilze und den gehackten Knoblauch hinzugeben.

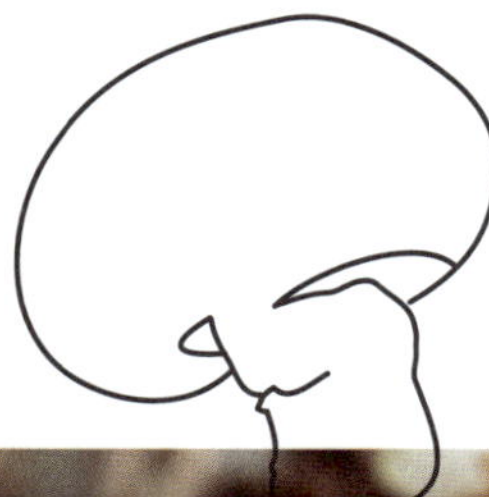

Sobald das Fleisch schön braun und das Zwiebel-Knoblauch-Gemisch glasig ist, sollten auch die Pilze ein wenig geschrumpft sein. Nun das Chilipulver, Oregano und Tomatenmark hinzufügen.

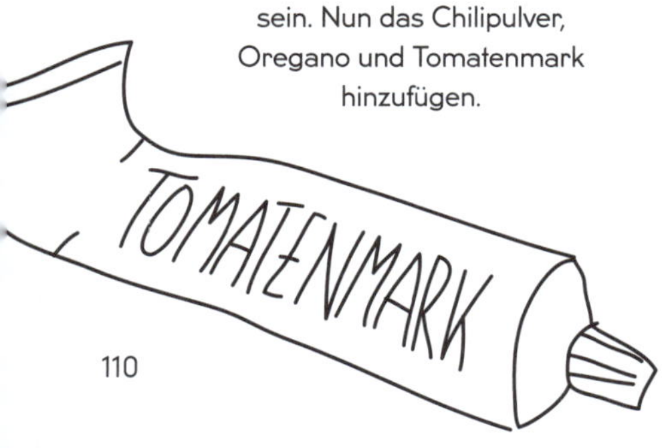

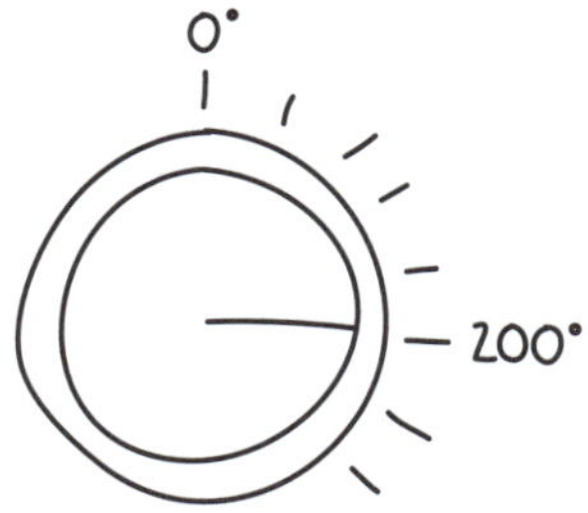

Bei rund 200 Grad und indirekter Hitze kochen lassen.

Immer mal wieder umrühren, bis ein

ROTER BREI

entsteht.

Das Ganze mit der Rinderbrühe ablöschen und bei geschlossenem Deckel und 140 Grad gut

1 STD.

köcheln lassen.

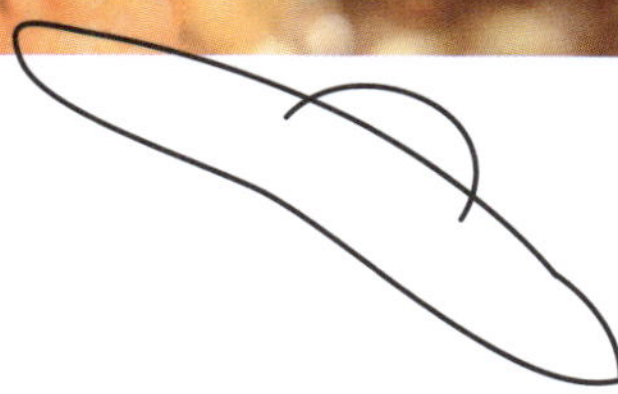

Deckel auf, ein Mal umrühren und nun klein geschnittene Paprikastücke, die Bohnen und den Mais hinzugeben. Weiter köcheln lassen.

Mehr als 140 Grad sollten es nicht sein, dreißig Minuten sind das Minimum – wir gehen aber in die Verlängerung und lassen die Hitze nochmals eine Stunde lang wirken, ehe wir die Ananasstücke hinzugeben. Wenn du es etwas süßlicher magst, dann kipp die Flüssigkeit aus der Dose nicht weg, trink sie nicht direkt aus, sondern schütte sie mit ins Chili. Mit Salz und Pfeffer abschmecken.

Zu guter Letzt ordentlich Schokolade – ja, richtig gelesen – im Chili versenken, natürlich stückchenweise. Wenn die sich aufgelöst hat, ist dein Chili fertig. Auf tiefen Tellern servieren, einen Klacks Crème fraîche und klein geschnittene Frühlingszwiebeln drüber geben. Übrigens: Schmeckt am nächsten Tag noch besser.

DU MAGST ES DERBER?
WILLST FLEISCH AM STÜCK GRILLEN?
AM OFFENEN FEUER?
DANN BLÄTTER AUF SEITE 210.

FRED FEUERTOPF

Während sich alle Welt darin überbietet, das Pulled Pork nicht nur Stunden, sondern sogar Tage und Nächte auf dem Grill zu schmoren, winken wir müde ab – und wissen: Das hier schmeckt noch viel besser. Und braucht auch weniger Zeit, um fertig zu sein. Feuertopf heißt das Ganze, weil es dennoch ein paar Stunden auf dem Grill verbringt und sogar über dem Lagerfeuer klappt. Oder weil du das Ganze aber mal sowas von feurig würzt. Cherry Chipotle-Gewürz findest du übrigens im gut sortierten Grillladen – oder im Internet. Nebem einem Grill brauchst du noch einen Bräter oder einen Dutch Oven – nimm einfach das, was du gerade zur Hand hast.

3 KG NACKENSTEAK

750 G ROTE ZWIEBELN

750 G PILZE

2 BUND FRÜHLINGSZWIEBELN

1 FRISCHE KNOBLAUCHZEHE

JE 200 ML SAHNE + CRÈME FRAÎCHE

2 FLASCHEN MALZBIER

2 EL ÖL ZUM BRATEN

SALZ, PFEFFER + CHERRY CHIPOTLE

Nackensteak nicht im Supermarkt, sondern beim Metzger kaufen, und in dicke Scheiben schneiden. Den Bräter auf den Grill stellen, ordentlich direkte Hitze drunter donnern und die Nackensteaks in etwas Öl so braten, dass sie schön braun sind. Durch müssen sie noch nicht sein – Hauptsache, die Kruste passt. Sollten nicht alle Nackensteaks auf einmal in den Bräter passen, dann weißt du: Dein Equipment ist zu klein. Falls es dich tröstet: Es macht nichts, wenn du das Fleisch ins zwei Etappen brätst.

Fleisch zur Seite stellen und im Bräter nun die in Ringe geschnittenen Zwiebeln anschwitzen. Die Pilze hinzugeben und weiter bei moderater Hitze, so um die 180 Grad, köcheln lassen.

Apropos Pilze:
Wenn du es langweilig magst, dann nimm Champignons. Pfifferlinge wären besser, Kräuterseitlinge auch, Steinpilze sowieso.
Triff deine Wahl einfach nach Geschmack. Und Saison.

DIREKT

Wenn die Zwiebeln schön glasig, aber noch lange nicht angebrannt sind, den gehackten Knoblauch dazugeben, kurz unterrühren, und dann die Steaks im Bräter aufschichten. Jetzt den Grill auf indirekte Hitze umstellen und sich auf 160 Grad einpendeln lassen.

INDIREKT

Das Malzbier über die Steaks gießen, drei Esslöffel vom Cherry Chipotle-Gewürz dazugeben und den Deckel auf den Bräter setzen. Und warten.

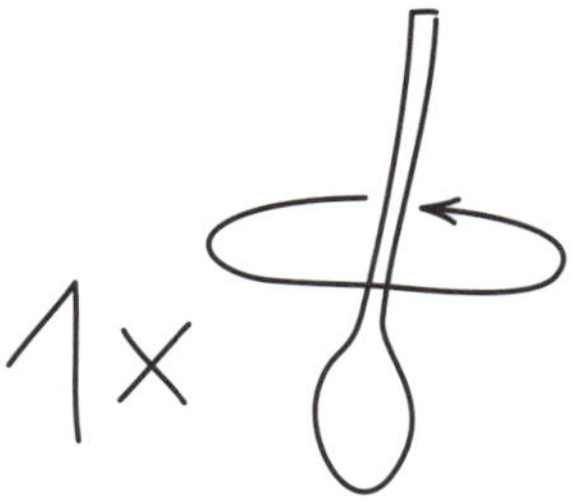

Zwischendurch wirklich nur ein oder auch zwei Mal umrühren und sich nicht wundern, dass es anfangs so aussieht, als würden die Nackensteaks niemals ihre Form verändern – hier hilft nur eins: Geduld.

Irgendwann beginnen die Steaks damit, sich in ihre Einzelteile – sprich, faserige Stücke – aufzulösen. Jetzt mit ordentlich Salz und Pfeffer würzen, umrühren, Sahne und Crème fraîche hinzugeben und nochmals eine gute halbe Stunde bei rund 200 Grad köcheln lassen. Löffel reinhalten, schon mal probieren, vielleicht mit Salz und Pfeffer abschmecken, klein geschnittene Frühlingszwiebeln hinzugeben und immer noch weiterkochen lassen.

Wenn alles aussieht wie ein wunderbares Gulasch, wenn sich die Flüssigkeit reduziert hat: runter vom Grill. Wer mag, hat gut zwanzig Minuten vor Schluss Möhren und Kartoffeln mit auf den Grill gelegt und serviert alles zusammen.

TIPP

Klöße und Rotkohl passen auch super – aber du machst ja eh, was du willst.

CAMILLE CAMEMBERT

Hier braucht es nicht viele Worte. Camembert auf dem Frühstücksbrot ist schon 'ne echt leckere Sache. Aber gegrillt dann doch eine andere Liga. Etwas Baguette dazu und fertig ist das Abendessen. Okay, sollte vielleicht nicht jeden Abend auf dem Menüplan stehen, aber wer Camembert mag, der wird das hier ordentlich abfeiern.

ALLES, WAS DU BRAUCHST: CAMEMBERT + BAGUETTE

Die Gretchenfrage vorweg: Welcher Camembert soll es denn nun sein? Der aus dem Supermarkt oder der vom Franzosen des Vertrauens? Hm, schwer zu sagen. Wir haben drei ganz unterschiedliche Käse genommen und konnten uns am Ende selber nicht entscheiden.

TIPP 45 % Fettanteil in der Trockenmasse sollte er schon haben. Damit er schmeckt. Und man es dir ansieht, dass er geschmeckt hat.

UND SO GEHT'S:

Käse auf ein Brett stellen und auf den Rost legen. Ja, das Brett macht das nicht zig Mal mit, also jetzt nicht das superteure Stirnholzbrett nehmen, sondern beim Tischler um die Ecke nach Alternativen fragen.

Also: Ab mit dem Käse auf den Grill, Glut zur Seite schieben, damit die Hitze nicht nur von unten, sondern beim indirekten Grillen von allen Seiten kommt. Deckel zu und abwarten. Schnell wieder drunter gucken, wissen, dass da noch nichts passiert sein kann, Deckel trotzdem öffnen, nicken, wieder schließen.

Wenn unten ein wenig Flüssigkeit – oder sollten wir sagen: Flüssigkäse? – austritt: nicht ärgern. Ist genug für alle da.

Wenn sich die Haut auf dem Camembert langsam hebt, mit dem scharfen Küchenmesser ein Kreuz reinschneiden und die Ecken nach oben und zur Seite biegen. So kann das Camembertinnere schön vor sich hin blubbern.

Dann das Brett vom Rost nehmen, direkt auf den Tisch stellen und Baguettescheiben verteilen. Nur Spießer und Frevel greifen jetzt zu Messer und Gabel, alle anderen einfach mit den Händen zu.

800 g Nackenfleisch
frischer Knoblauch
je ½ rote, gelbe, grüne Paprika
8 Schalotten
800 g Bacon
1 Dose Tomatenstücke
BBQ-Soße
Salz + Pfeffer
Rohrzucker

CHARLY
SCHASCHLIK

Das kennt man ja noch aus seiner Kindheit: Wenn es mal nicht die klassische Currywurst sein sollte oder durfte (Kind, denk doch an das gesunde Gemüse), dann gab es Schaschlik, bei dem die Fleischstücke meist in der klaren Unterzahl waren. Aber das ist ja, Gott sei dank, lange her. So richtig klassisch ist ein Schaschlik eigentlich nur, wenn es aus dem Ofen und nicht vom Grill kommt, aber dieses Buch heißt ja nicht „Wir backen“. Also kommt hier die Grillvariante:

TIPP: LEG DIE HOLZSPIESSE VORHER IN WASSER, SODASS SIE SICH DAMIT VOLLSAUGEN. SO VERBRENNEN SIE NICHT.

Metallspieße gehen auch, Holzspieße sind aber cooler. Und das gleich zweifach.

Schweine-
nackenfleisch
zuerst in männer-
daumendicke
Scheiben
schneiden,
dann würfeln.

Gehackten Knoblauch, Salz und Pfeffer hinzugeben und gut miteinander vermengen, damit jeder Fleischwürfel etwas davon abbekommt.

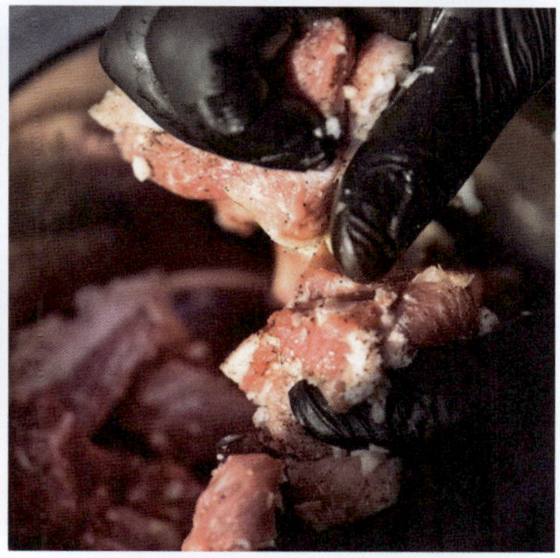

Den Bacon von allzu fettigen Stellen befreien und ebenso wie die Paprika und die Zwiebel würfeln. Wichtig: Die Zwiebelstücke nicht zu klein schneiden – sie sind als erstes gar und verbrennen sonst.

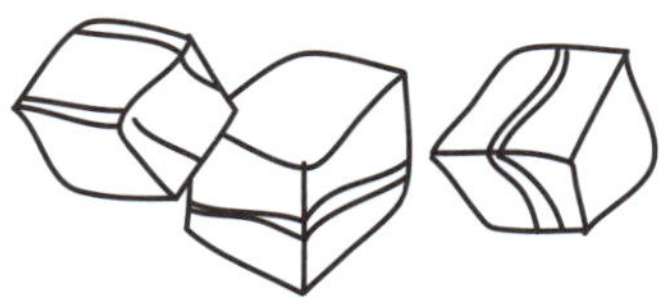

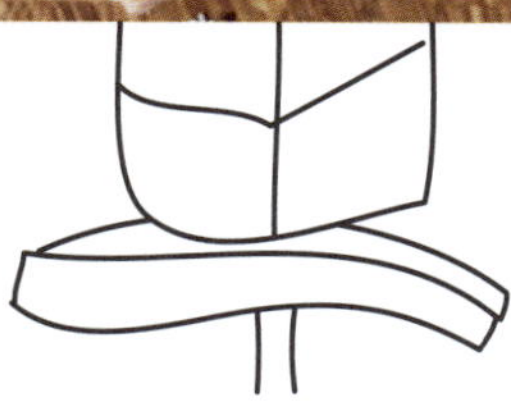

Jetzt das Ganze
so auf den Spieß
schieben, dass ein
kleines, buntes
Kunstwerk entsteht.

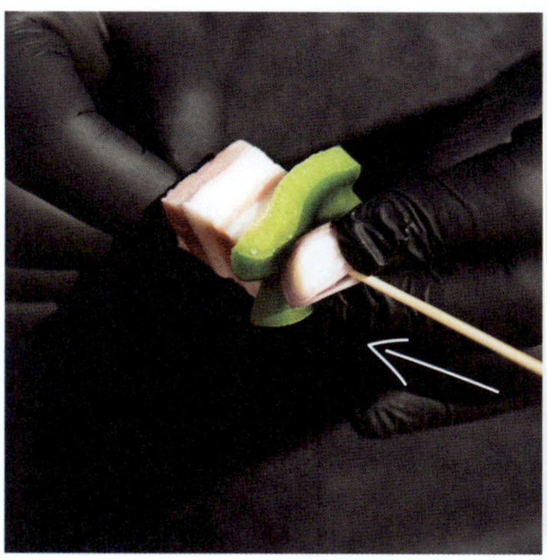

Die Spieße auf den Grill legen und bei gut 220 Grad und indirekter Hitze schön braun werden lassen.

220°

In einer gusseisernen Pfanne Barbequesoße mit Tomatenstücken aus der Dose vermengen.

WICHTIG:

Kein Fett in die Pfanne geben! Etwas Wasser, Salz, Pfeffer und Rohrzucker hinzufügen und dann die Schaschlik-Spieße mit in die Pfanne legen.

Die Temperatur auf

160°

reduzieren und weiter köcheln lassen. Wenn alles einen guten Eindruck macht, die Spieße auf die Teller legen und mit der Soße übergießen. Schmeckt wie in der Kindheit. Und noch viel besser.

WIR EMPFEHLEN:

4–8 WRAPS
KÄSESOSSE

GERIEBENER KÄSE

FLEISCH & GEMÜSE

NACH GESCHMACK

SALZ + TEX-MEX-GEWÜRZ

Heute mal was Leichtes. Obwohl man sich da nicht täuschen lassen sollte, denn die dicke Soße und der Käse sind keine echten Schlankmacher. Aber, uns egal, es soll ja in erster Linie schmecken.

WIBKE
WRAP

Vorbereitung ist alles: Wir zerteilen zunächst die kleinen Tomaten in zwei Hälften, schneiden den Salat, die Zwiebeln, die Avocado und die Paprika in kleine Stücke und legen alles zum Befüllen bereit.

ODER

Du kannst natürlich noch ganz andere Sachen in deinen Wrap packen, Feta zum Beispiel. Oder Geflügel.

ODER

ODER

Wir entscheiden uns noch für ein richtig gutes Stück Fleisch, dem wir auf der heißesten Stelle auf unserem Grill ein schickes Branding verpassen, während es innen noch schön weich ist. Auch hier gilt:

DU ENTSCHEIDEST.

Salzflocken und Tex-Mex-Gewürz drauf.

FERTIG!

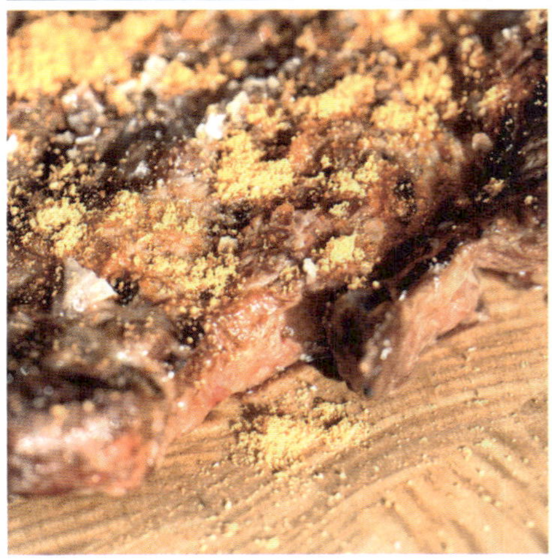

Die Wraps legen wir zum Aufwärmen auf den Grill, der nur so 120 Grad warm sein sollte. Dann verstreichen wir darauf unsere Soße, die du im Supermarkt in der Chipsabteilung findest. Ja, richtig gelesen, nimm die Käsesoße, in die andere ihre Tortilla-Chips dippen, und verteil sie auf deinen Wraps.

Käse, Mais und Kidneybohnen drauf verteilen und dann die anderen Zutaten so auf dem Wrap drapieren, dass er sich noch gut rollen lässt.

ACHTUNG, NICHT ZU VOLL BELEGEN.

Jetzt auch hier das Messer schwingen, das Fleisch in Streifen schneiden und zu den anderen Zutaten legen.

Wrap zusammenrollen, in der Mitte durchschneiden und voilà: Es ist angerichtet.

Anregungen, wie du deinen Wrap noch füllen kannst, findest du auf Seite 137.

TASHA
TACO

DARF ES NOCH EIN WENIG MEXIKANISCHER SEIN?

Dann besorg dir Tacos, eine feuerfeste Grillschale und die gleichen Zutaten wie für einen Wrap. Beim Würzen darf es hier ruhig etwas feuriger zugehen, also gerne auch zum Cayennepfeffer greifen, die Menge der Bohnen bei der Füllung erhöhen, mexikanische Mucke auflegen und einen sehr feinen, schmalen Schnurrbart tragen.

Die Zutaten in kleine Streifen schneiden und all das verarbeiten, was du besonders gerne magst.

Also jetzt nicht gerade Möhren und Erbsen, sondern lieber Avocado und Paprika.

FLEISCH

gehört natürlich auch rein. Da das Ganze später noch überbacken wird, das Fleisch nicht zu sehr durchgrillen, sondern hier vorsichtig hantieren. Eine krosse Kruste ist spitze, ein Inneres mit dem Status Well done sicherlich nicht.

Die Tacos schön säuberlich in einer Gusspfanne aufreihen und befüllen.

Käse drüber, ab damit in den Grill und mit großer indirekter Hitze überbacken. Wenn der Käse schön verlaufen ist, das Anziehen der feuerfesten Handschuhe nicht vergessen, Pfanne vom Grill nehmen, noch etwas Grünzeug drüberstreuen und sehr, sehr mexikanisch fühlen.

OLÉ!

GLAUBST DU WIRKLICH, DASS IN MEXIKO AUCH MAIS, PAPRIKA UND AVOCADO IN EINEN TACO GESTECKT WERDEN & GARNIERT MIT EINER SOSSE AUS DEM CHIPSREGAL?

NATÜRLICH NICHT.

Jalapeño
Zwiebel
Kartoffel
Hackfleisch
Guacamole
Taco*

Chili-Gouda
Salat
Tomate
Hähnchenbrust
Bohnenmus
Taco*

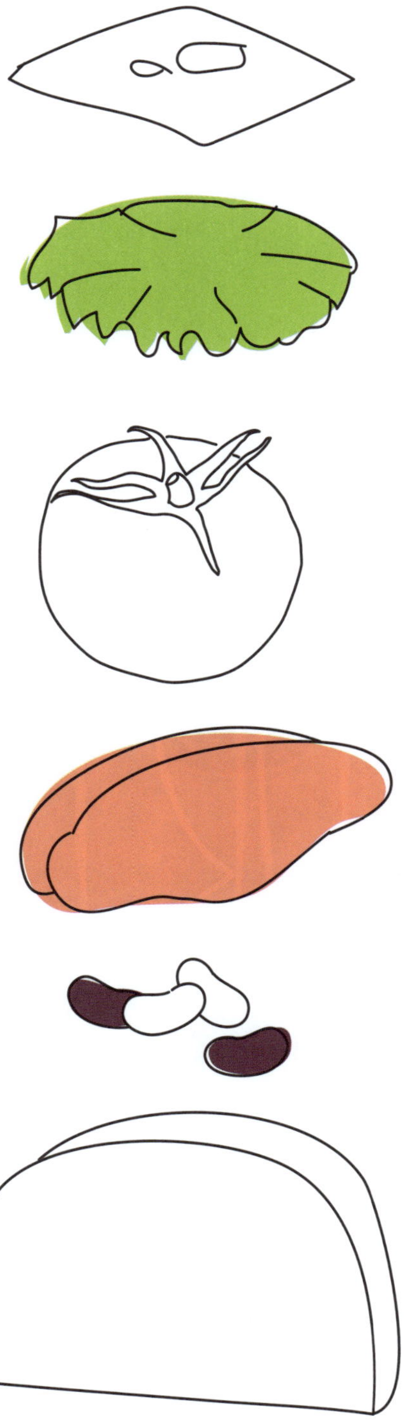

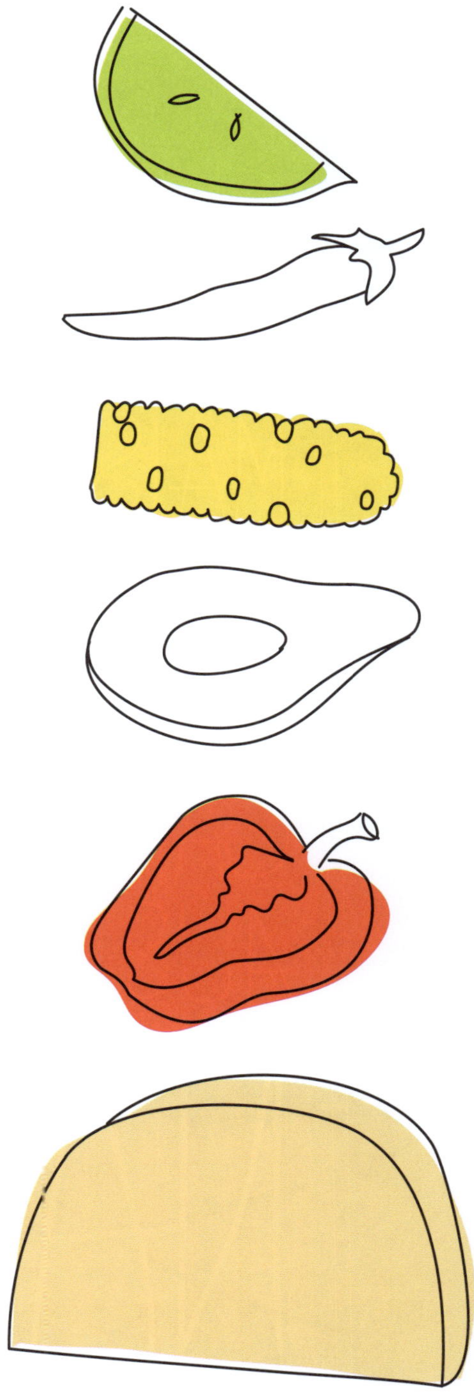

Limette
Jalapeño
Mais
Avocado
Gegrillte Paprika
Taco*

*Wenn du lieber Wraps magst, dann mach dir 'nen Wrap draus.

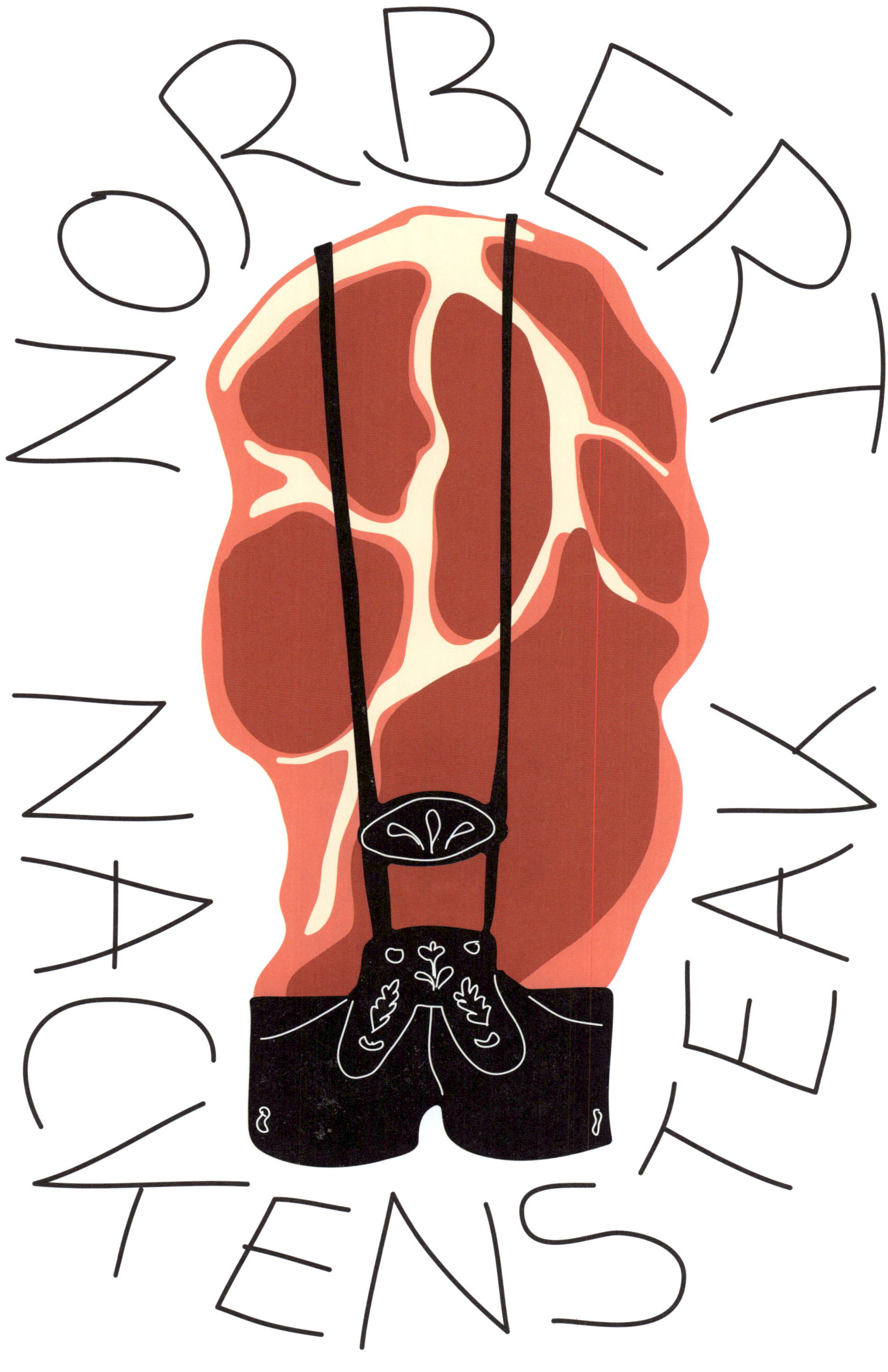
NORBERT
NACKENSTEAK

GLEICH ZWEI NACKENSTEAK-REZEPTE IN EINEM GRILLBUCH?

Ja, warum denn nicht? Was ordert denn der Griller an der Schlachtertheke? Genau, Nackensteak. Nicht super einfallsreich, aber lecker, wenn man es richtig macht. Und zwar so:

1 KILO NACKENSTEAK
1 EL KRÄUTER DER PROVENCE
1 TL PAPRIKA EDELSÜSS
JE 1 TL SALZ UND PFEFFER
1 TL KNOBLAUCHGRANULAT

WAS GAR NICHT GEHT:

Fertig mariniertes Nackensteak kaufen, das vor Soßenpampe nur so trieft und tropft. Flammen schlagen hoch, die Marinade verbrennt, das Nackensteak schmeckt wie in der Halbzeitpause beim Kreisligisten um die Ecke. Es geht aber auch anders!

Wer es richtig macht, kauft sich 'nen ganzen Schweinenacken und legt selber Hand und Messer an – und schneidet diesen in daumendicke Nackensteaks.

ABER NICHT IN DEN DAUMEN SCHNEIDEN!

Kräuter der Provence mit süßem Paprikapulver, Salz, Pfeffer und Knoblauchgranulat vermengen und damit die Nackensteaks bestreuen.

Das Ganze mit den Händen am Fleisch richtig festdrücken.

Die Steaks auf den Grillrost legen.

HEISS, HEISS, BABY!

Nicht immer wieder nervös wenden, sondern ein Mal die Position verändern, damit ein schönes Branding entsteht. Erst dann wenden.

Der größte Fehler passiert meistens jetzt:

Die Steaks werden so lange gegrillt, bis sie ein zweites Mal gestorben sind. Also: Sei mutig, nimm sie vom Grill, wenn sie schön braun und die Kräuter noch nicht verbrannt sind.

Jetzt nicht sofort „Fertig!" in Richtung der Gäste brüllen, sondern sich und den Steaks Ruhe gönnen.

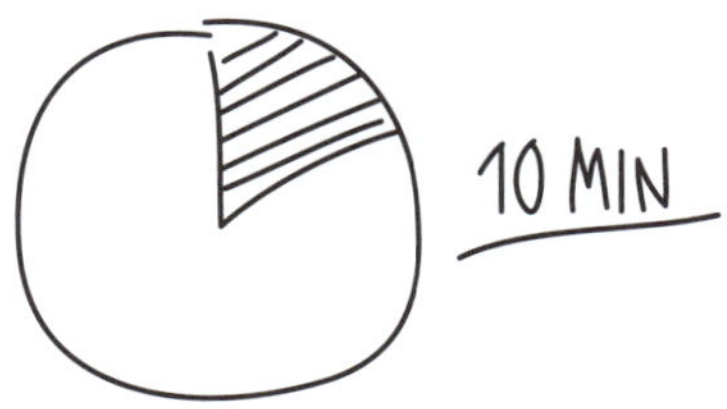

Und, weil ja alles ausprobiert werden sollte, schnell direkt nach der gut zehnminütigen Ruhephase das Steak in Streifen schneiden.

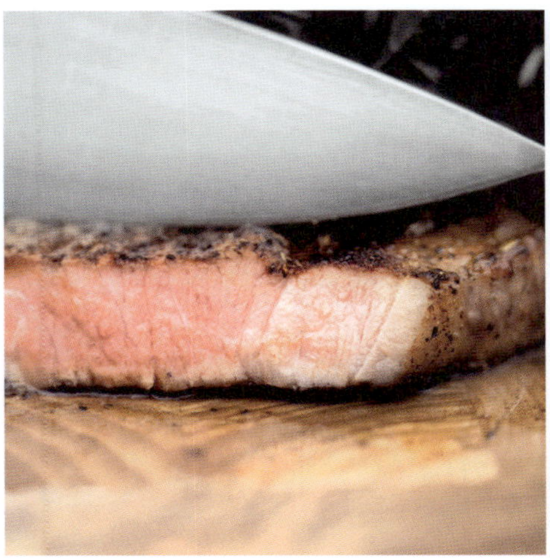

Noch ein paar Flocken Salz drüber streuen und direkt in den Mund schieben. Überrascht? So gut kann Nackensteak schmecken. Wenn man es denn richtig grillt.

SIR STEAK

Was darf es denn sein? Filet? Entrecote? Rib Eye? Am Ende ist entscheidend, wie du es grillst. Finger weg von irgendwelchen Gewürzmischungen. Du grillst hier teures Rindfleisch, du willst genau das später auf der Zunge haben und intensiv schmecken.

4 STEAKS + SALZFLOCKEN + STEAKPFEFFER

Alles andere als ein paar Salzflocken lenkt da nur ab. Und verbrennt im Zweifel. Denn beim Steakgrillen muss dein Grill zeigen, was er drauf hat. Jag ihn so hoch, wie es nur geht. Wenn das Maximum erreicht ist, dann leg das Steak vorsichtig auf den Rost und sieh dabei zu, wie die Flammen schlagen. Keine Angst: Dein Grill ist feuerfest.

RUHIG BLUT,

jetzt bloß nicht ständig wenden. Sondern ganz leicht anheben und mal drunter schauen. Sieht es schon schön braun aus?

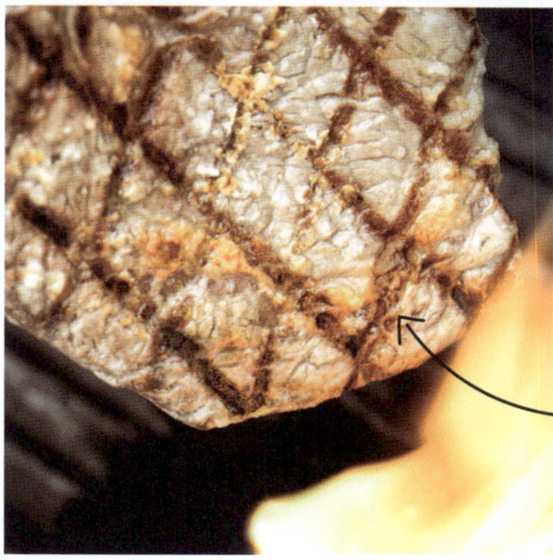

ZEIGT SICH DAS BRANDING?

Dann so verschieben, dass dieses schöne Muster entsteht. Wenden, ein Mal fest auf den Rost drücken und wieder warten.

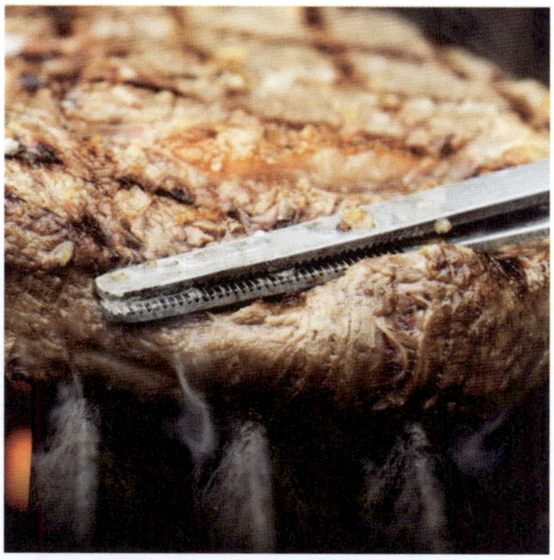

Sind beide Seiten schön braun, kommt das Schwierigste. Du musst jetzt tapfer sein. Das Steak nicht einschneiden, nicht auf den Teller legen, zu den Gästen bringen. Sondern: ruhen lassen. Gerne volle zehn Minuten. Sich am Anblick erfreuen und keine Gedanken drüber machen, ob es nun auskühlt. Nein, tut es nicht. Da ist genug Hitze drin.

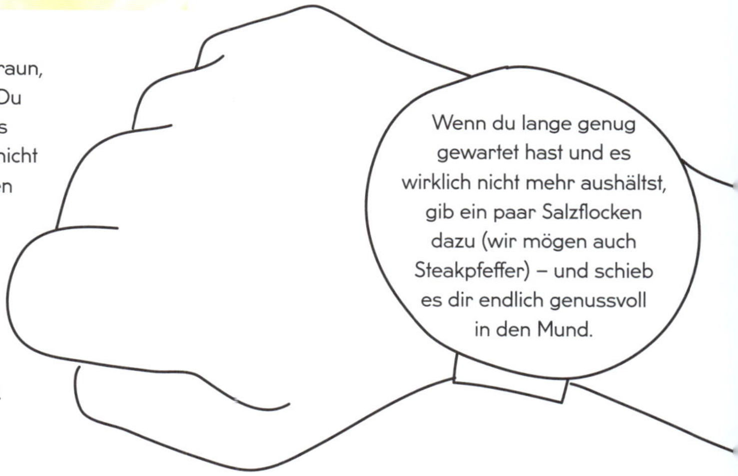

Natürlich ist es immer eine Überraschung, wie es denn nun im Fleisch aussieht. Der Könner weiß genau, wie lange er das Steak grillen muss, damit es Englisch, Medium oder Well done ist. Ganz ehrlich: Du brauchst Erfahrung. Schneide dein Steak immer gleich dick, nutz immer die gleiche Temperatur, stopp die Zeit, drück mit dem Finger aufs Steak und merk dir genau dieses Gefühl. Das wird dir helfen. In eigentich allen Lebenslagen.

SUSI SURF &

STRIP LOIN

4 STEAKS
500 G GARNELEN
20 ML ÖL
ROSMARIN
SALZ + PFEFFER

ROH. MIT SCHALE, OHNE KOPF.

THOMAS TURF

Ach, das Leben kann so einfach sein. Und so luxuriös. Wer jemals als Zuschauer an einem Galopprennen teilgenommen hat, der weiß, dass es kaum eine kultiviertere Art der Freizeitgestaltung gibt. Pferde bei der Präsentation anschauen, keine Ahnung von Pferdesport im Allgemeinen und Galoppern im Speziellen haben, dennoch mit Fachwörtern nur so um sich werfen, viel Geld auf wenige Pferde wetten, ebenso viel Geld, nicht aber die blendende Stimmung verlieren – das ist Galopprennsport. Das perfekte Essen dazu – auch nicht gerade günstig, aber jeden Cent wert – geht so: ⟶

Man kaufe sich ein stattliches Stück Strip Loin-Steak und überlasse es nicht dem Metzger um die Ecke, hier schon Scheiben abzuschneiden. Wer weiß denn schon, ob der Hunger nicht noch zunimmt und dann mickrig aussieht, was eben noch wie ein ausgewachsenes Steak ausschaute?

Also das Fleisch im Ganzen mit nach Hause nehmen, im Geiste die Gäste durchzählen und dann sehr großzügig das Messer walten, sprich, sehr dicke Scheiben abschneiden lassen. Mit ihnen lässt sich viel besser die Kerntemperatur und damit regeln, ob es nun Englisch, Medium rare (unsere Empfehlung), Medium oder totgegrillt sein soll.

Aus dem Grill alles herausholen was geht, dennoch eine Zone so belassen, dass sie nur indirekte Hitze abbekommt. Die Steaks dann dahin legen, wo es am allerallerheißesten ist. Da dürfen die Flammen ruhig hochschlagen, das Herz tut es ja auch.

Schön drauf aufpassen, nur ein, zwei Mal wenden, für ein wunderbares Branding sorgen und die Steaks dann dahin legen, wo kein Brenner für zu viel Hitze, sprich, Bräune sorgt.

Jetzt den Garnelen widmen und diese von der Schale befreien. Man kann sie auch mit Schale grillen, aber dann schmecken sie halt nicht. Weil die Röstaromen doch ins Fleisch ziehen, nicht am dicken Panzer abprallen sollen.

Also: Zunächst vorne den Panzer lösen und entfernen, dann hinten am Schwanz ziehen und schon liegt die Garnele quasi nackig da.

Jetzt mit einem scharfen Küchenmesser neben (!) die Mitte des Rückens stechen und hier einen Schnitt setzen. Warum? Weil man sonst den Darm in viele kleine Teile zerlegt. Und der bleibt am besten ganz, denn so lässt er sich ganz einfach mit Daumen und Zeigefinger entfernen, wenn man das aufgeschnittene Fleisch zur Seite klappt.

Jetzt Öl in die Gusspfanne geben und auf Knoblauch verzichten. Die Garnelen sollen schließlich nach Garnele schmecken. Auch Zitrone ist hier komplett fehl am Platz. Die Garnelen in die Pfanne geben und erst jetzt das Ganze behutsam erhitzen, immer wieder umrühren und immer dran denken: Das Tier ist schon tot, es muss nicht den zweiten, den Hitzetod, sterben. Etwas Rosmarin hinzugeben, mit dem Löffel das Öl immer wieder über die Tiere gießen und gut ist's.

Bevor die Garnelen fertig sind, das Fleisch vom Grill nehmen ...

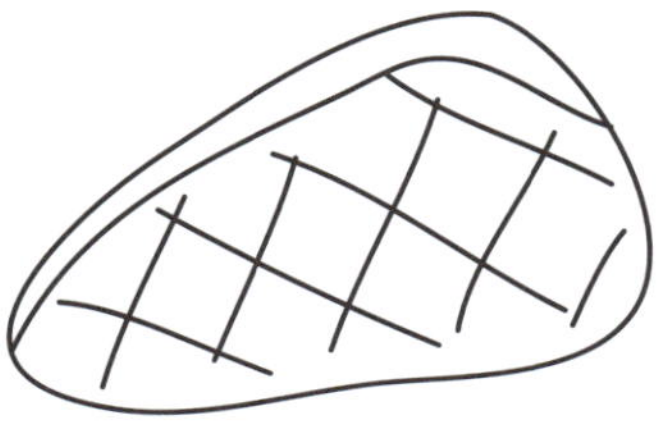

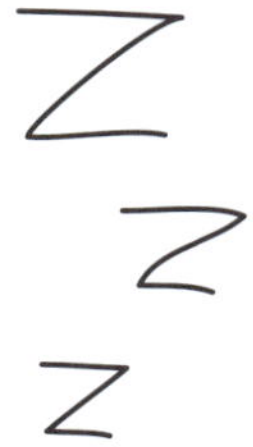

... ruhen lassen, damit es sich entspannt und dir beim Anschneiden nicht die Flüssigkeit entgegenfließt.

Dann ein paar Flocken Salz und ein wenig Pfeffer drüber geben und in mundgerechte Scheiben schneiden.

Sobald die Garnele ihr eigenes Hinterteil küsst, sich also Körper und Schwanz berühren, ist sie fertig.

Die Garnelen behutsam auf das Fleisch setzen und dann kann es losgehen – mit dem fürstlichen Mahl.

← Jenseits der Galopp-Rennbahn.

LARRY
LACHO

HOLZ-BRETT

Wenn schon Fisch, dann gleich 'nen ganzen Lachs. Oder besser: einen halben. Dafür aber nicht von irgendeiner Lachsfarm, in der mit Antibiotika nur so um sich geworfen wird, sondern aus der Wildnis. Klingt erst einmal merkwürdig, ist aber deutlich besser für die Umwelt als die eingestallten Zuchtfische. Umso wichtiger, dass man dieses Prachtexemplar nicht so behandelt wie auf dem Jahrmarkt. Also nicht: Viel Gewürz und noch mehr Hitze drauf, um am Ende ein Fischstück in den Mund zu schieben, das dann – wen wundert's – nach ganz schön viel Gewürz und jeder Menge Trockenheit schmeckt.

Um dem Fisch gerecht zu werden, startest du am besten so: Lachs schon in Portionen schneiden. So gart er gleichmäßig und die Gäste können sich direkt vom Brett bedienen.

Also mit einem scharfen Messer die Lachsseite vorsichtig zerteilen.

Die Kanten und Überhänge abschneiden – die Katze freut sich ganz bestimmt drüber. Mit der Hand ganz vorsichtig über die Stücke gehen und Gräten aufspüren. Hier hilft tatsächlich eine Pinzette, um die lästigen Biester zu entfernen.

Das Brett, auf dem gegrillt werden soll, mit Olivenöl einreiben und die Fischstücke vorsichtig darauflegen. Wer mag, nimmt hier ein sehr dünnes, meist auch im Verhältnis sehr teures, Brett. Es geht auch mit jedem anderen Holz – wir haben uns für das entschieden, was uns gerade in die Hände gefallen ist.

GROB

Jetzt die Kräuter nur ganz grob zerschneiden.

Hier geht, was gefällt. Wir haben glatte Petersilie, Rosmarin, Dill und Thymian genommen. Kräftig salzen und vermischen.

Kräuter-Salz-Mischung auf den Lachsstücken drapieren.

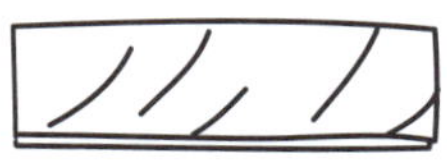

Etwas OLIVENÖL dazu und ab damit auf den Grill.

≈140°

Jetzt auf keinen Fall das Brett von unten schwarz grillen, sondern bei rund 140 Grad indirekte Hitze und innere Ruhe nutzen, um den Fisch geduldig zu garen.

Bis jetzt haben wir außer Kräutern und Salz noch kein einziges, anderes Gewürz hinzugefügt, weil der Lachs ja schließlich nach Lachs schmecken soll.

Wichtig auch:
Deckel zu und in Ruhe lassen.

Wenn er so schön weißlich wie auf dem Foto geworden ist, hat der Lachs lange genug gebrütet.

Kräuter gößtenteils vom Fisch nehmen und den gegarten Lachs in mundgerechte Stücke zerteilen.

Zitrone drauf und dann darauf achten, dass das Brett nicht leer ist, bevor es überhaupt den Tisch mit den Gästen erreicht hat. Ganz einfach.

DÖRTE
DORADE

KLINGT NACH LAGER-FEUER-ROMANTIK:

Fisch fangen, ausnehmen, auf einen Stock spießen und über die Flammen halten. Klingt gut, schmeckt nur selten. Weil der Fisch außen heiß und schwarz, innen aber nicht durch ist. Und das nicht nur am Lagerfeuer, sondern häufig auch auf dem Grill schief geht. Also verkauft die findige Zubehörindustrie jede Menge Zubehör, das verspricht, dass bestimmt nichts anbrennt. Und kann all das leider nicht halten.

ES GEHT SO VIEL EINFACHER:

Mit zwei Doraden, einer Bio-Zitrone, Salz, Pfeffer,
frischem Thymian, frischem Knoblauch, Olivenöl,
einem Gasgrill und ein paar Kniffen, die dafür sorgen,
dass der Fisch perfekt wird.

Wie sehen die Augen aus? Klar oder glasig? Wenn sie trüb sind, muss das kein Zeichen dafür sein, dass die Dorade nicht mehr gut ist. Denn in der industriellen Verarbeitung kann es immer wieder vorkommen, dass die Fische mit Schwung übereinander fliegen – und sich dabei blaue Flecken holen. Auch am Auge.

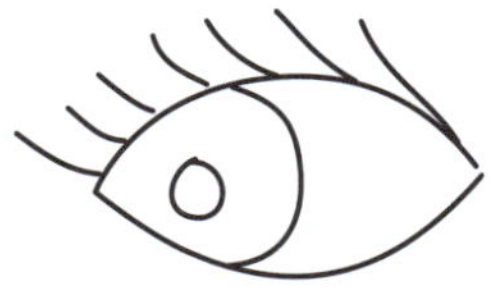

Also: Schau dir den ganzen Fisch an, fass ihn an, schnupper. Was macht er für einen Eindruck? Einen frischen? Dann aber los.

Mit einer scharfen Schere erst einmal alle Flossen abschneiden. Die sind sonst im Weg und können schon mal zustechen.

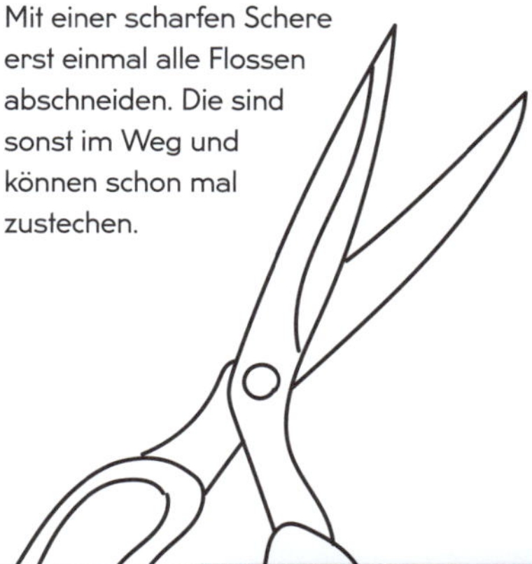

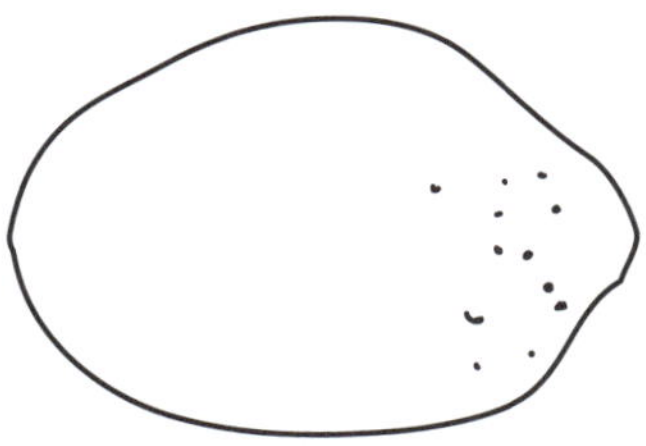

Dann ein wenig Schale einer Bio-Zitrone ab- und klein schneiden.

Salz und Pfeffer in den Mörser geben, ein wenig Thymian hinzugeben und dabei auch die Stile nicht vergessen. Zitronenschalenstücke hinzugeben und alles kräftig vermengen. Nase drüber halten und wissen: Das ist ja viel besser als jedes gekaufte Fischgewürz.

Die Dorade öffnen, mit einem Löffel die Gewürzmischung in den Bauch schieben, dort verteilen und mit dem Finger festdrücken.

Du hast noch Zitronenschale und Kräuter übrig? Wunderbar. Dann rein damit in den Fisch.

Auch ein Viertel einer frischen Knoblauchknolle wandert noch in den Fisch, ehe du ihn mit Olivenöl beträufelst und einreibst.

Dann den Grill so heiß wie möglich machen.

Merke: Klebt die Fischhaut am Grillrost, dann war der Grill nicht heiß genug. !

Den Fisch vorsichtig platzieren und nach ein paar Minuten ebenso vorsichtig mit einem großen Burger-wender umdrehen. Wieder warten. Und schon mal tief einatmen.

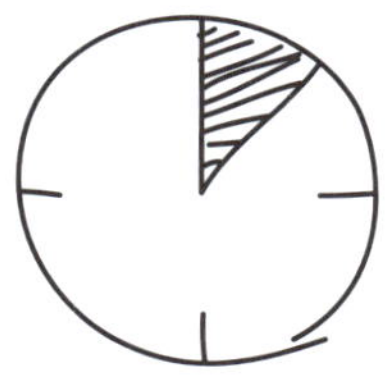

Wenn die Haut braun und kross ist, den Fisch vom Rost nehmen, vorsichtig auf die obere Etage im Grill legen und dort länger verweilen lassen.

Die Dorade ruhig ein Mal anfassen.
Wie fühlt sie sich an? Wenn sie bei Druck ein wenig nachgibt, ist sie fertig gegrillt.

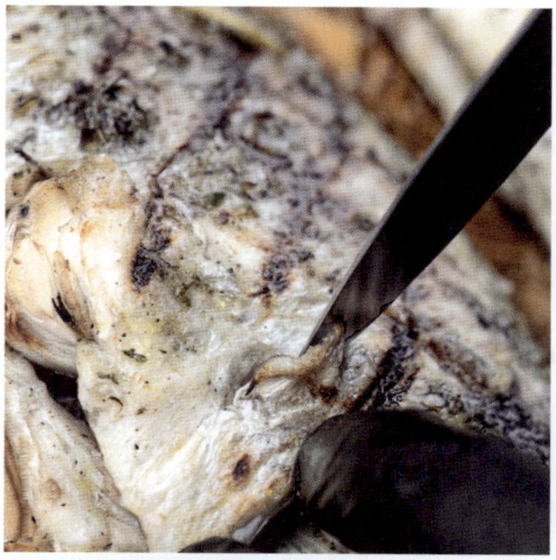

Also vom Grill nehmen, auf einem Brett platzieren und das Messer so an Kiemen, Schwanz und Seitenlinie ansetzen, dass du den Fisch am Ende mit zwei Löffeln öffnen und das Filet entnehmen kannst.

Jetzt weißt du, warum du zuvor die Seiten des Fisches nicht eingeritzt hast. Die Grillhitze hätte sich dann nur ungleichmäßig verteilt.

Und auch Zitronensaft hat auf der Fischhaut nichts zu suchen – der verbrennt nur.

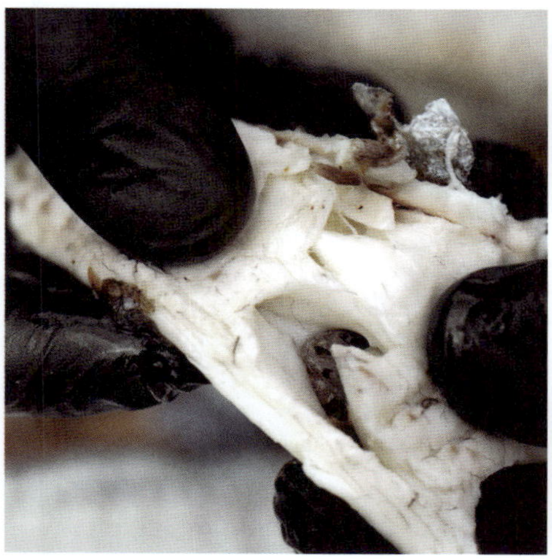

Jetzt, wenn das Filet vor dir liegt, kannst du ein wenig Zitronensaft drüberträufeln, ein wenig Salz benutzen. Dann aber ab damit auf den Teller, in den Mund.

2 KILO MIESMUSCHELN
5 MÖHREN
1 KNOLLENSELLERIE
1 STANGE LAUCH
1 KL. BLUMENKOHL
FRISCHER KNOBLAUCH
1 BUND PETERSILIE
WEISSWEIN
200 ML SAHNE
SALZ + PFEFFER
KEIMÖL

Wer es nicht so klassisch mag, blättert jetzt direkt und ohne Umwege auf Seite 170.

Okay, wer sich mit Muscheln nicht so auskennt, macht einen Zwischenstopp auf Seite 167.

MICHI MIESMUSCHEL

MIESMUSCHELN:

Das klingt erst einmal richtig lecker. Und häufig und später leider auch nach anderen Sachen, die alles andere als lecker sind. Was nicht daran liegt, dass man gute und frische Miesmuscheln nur selten bekommt. Sondern daran, dass man wissen muss, wie man die guten von den schlechten Muscheln trennt. Also starten wir mit einer kleinen Tierkunde, die dann in zwei Rezepten mündet, die unterschiedlicher kaum sein könnten.

KANN MAN DIE NOCH ESSEN?

Wenn man die Miesmuscheln aus der aufgerissenen Packung in ein Sieb fallen lässt, dann ist es mit dem Tiefschlaf vorbei. Also bei denen, die überhaupt noch schlafen können. Wartet man ein wenig, dann öffnen sich die Muscheln wieder einen Spalt weit und die gute ist von der bösen – sprich, schon angeschlagenen und damit ungenießbaren – Muschel nicht mehr zu unterscheiden.

Es sei denn, man macht sich die Mühe, schnappt sich die Muschel mit einer Hand und lässt sie zwischen Zeigefinger und Daumen auf und zu klappen. Zack, ist sie wieder wach, aktiviert ihren Schließmuskel und bleibt geschlossen. Heißt für uns: Die kannst du essen. Und die, die nicht reagiert, wandert ab in den Müll. Klingt nach erstaunlich viel Handarbeit? Ist auch so. Aber besser, als die Nacht auf und vor dem Klo zu verbringen.

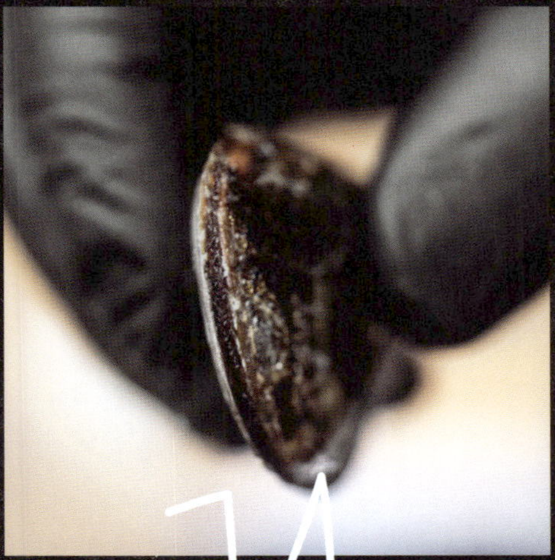

JA

Ein wenig Klappern und die Muschel schließt sich? Perfekt. Da ist noch Leben drin. Und vor allem: nichts, was dir deinen Magen verdirbt.

NEIN

Kann passieren. Solange diese Muschel dahin kommt, wo sie hingehört, ist alles gut: in den Mülleimer. Nicht ärgern, kann passieren.

VIELLEICHT

Die Muschel steht so ein bisschen offen? Das muss nichts heißen. Wenn sie aber nach einem Klappern und Druck nicht schließt, wandert sie, genau, auch in den Müll.

Wer es klassisch mag, dem wird dieses Miesmuschelrezept gefallen.

Miesmuscheln wie beschrieben testen und alle zerstörten Muschelgehäuse direkt wegschmeißen. Allzu lange Muschelbärte entfernen und die Muscheln kühl beiseite stellen.

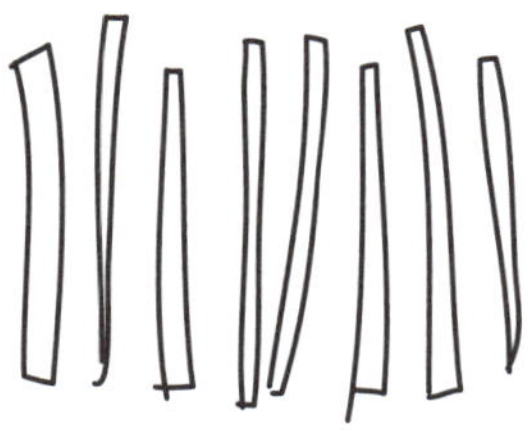

Möhren, Knollensellerie und Lauch schälen und in sehr schmale Streifen schneiden.

Den Blumenkohl einfach in grobe Stücke zerschneiden.

1. Keimöl in die Gusspfanne geben und das Ganze auf dem Grill kräftig erhitzen.

2. Möhren, Knollensellerie, Blumenkohl und frischen Knoblauch dazugeben, salzen, pfeffern und weiter erhitzen.

Die Miesmuscheln ein Mal kräftig durch die Luft wirbeln, noch ein Mal einen prüfenden Blick auf sie werfen, offene Muscheln entfernen und ab damit in die Pfanne.

Nach gut zehn Minuten mit Weißwein ablöschen und etwas später Lauch und Petersilie hinzugeben.

Noch ein bisschen warten – Geduld ist das schwierigste beim Grillen – und dann alles abschöpfen.

Sahne in die Pfanne geben, unter ständigem Rühren aufkochen lassen, dann Muscheln und Gemüse wieder hinzugeben und noch etwas köcheln lassen.

Die Pfanne vom Grill nehmen, auf den Tisch stellen und die Gäste davon überzeugen, dass man am besten direkt aus der Pfanne und mit den Händen, sprich, den Muscheln isst. Frisches Weißbrot dazu – und du weißt: Miesmuscheln in Weißweinsoße schmecken einfach richtig, richtig gut.

DICH LAAAAAANGWEILEN MIESMUSCHELN IN WEISSWEINSOSSE? DAS MUSS NICHT SEIN!

2 KILO MIESMUSCHELN
4 CHORIZO-WÜRSTCHEN (PIKANT)
4 SCHALOTTEN
1 BUND ROSMARIN
SALZ + PFEFFER
HOCHPROZENTIGES

ZUM FLAMBIEREN

Schalotten in gar nicht mal so dünne Ringe schneiden und zur Seite legen.

Chorizo in Scheiben schneiden. Auch wenn scharf nicht so wirklich dein Ding ist: Kauf die pikante Würstchen-Variante. In der Kombination mit den Muscheln ergibt das die perfekte Würze – vertrau uns.

Muscheln wie auf Seite 169 beschrieben aufwecken, sortieren und alles gut miteinander vermengen.

Etwas Olivenöl auf die Grillplatte geben und das Schalotten-Chorizo-Muschel-Gemisch vorsichtig drauflegen. Rosmarinzweige hinzufügen und das Ganze behutsam mit zwei Spachteln umrühren. Wenn Gäste in der Nähe sind: Hochprozentiges über die Muscheln geben und flambieren.

TIPP:

Wenn zur Hand, einfach eine Metallhaube über die Muscheln stülpen, damit sie gut durchgaren können.

Fertig? Dann ab auf einen großen Teller damit. Ab sofort ist damit eins klar: Klassische Miesmuscheln in Weißweinsoße gibt's nie wieder.

»DA LEGEN
WA NOCH
WATT BEI.«

KARL
TOFFEL

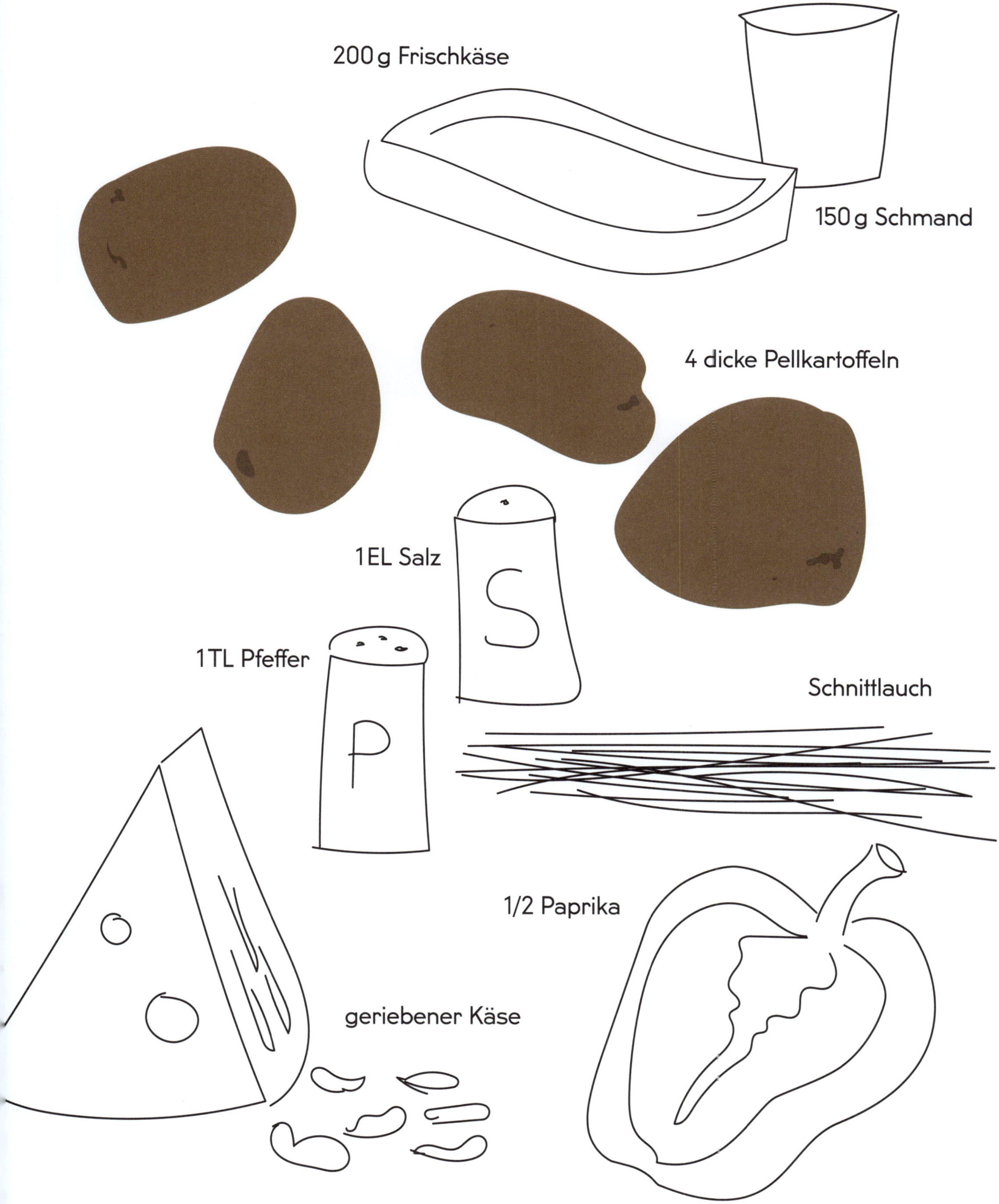
200 g Frischkäse
150 g Schmand
4 dicke Pellkartoffeln
1 EL Salz
1 TL Pfeffer
Schnittlauch
1/2 Paprika
geriebener Käse

'Ne Kartoffel passt zu allem. Aber einfach nur langweilige Kartoffeln? Gesäubert, geschält, fertig gekocht aus der Küche geholt, ohne Esprit?

OCH NÖ:

Zu einem ordentlichen Steak gehört auch eine ordentliche Backkartoffel.

SEITE 142

! Uns gibt es sogar schon vorgegart zu kaufen. Dann musst du nicht so lange warten, wenn das Steak schon fast fertig, wir aber normalerweise noch bretthart sind.

Den oberen Teil der Kartoffel – so ein gutes Viertel – abschneiden und klein würfeln.

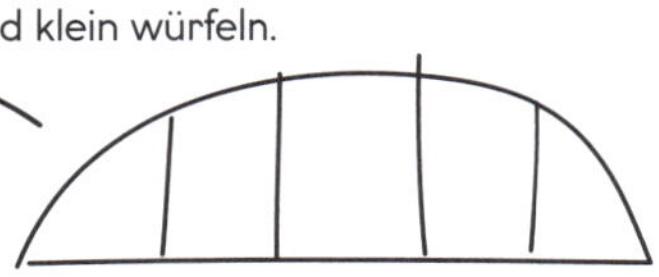

Die Pellkartoffel vorsichtig mit dem Esslöffel aushöhlen und dabei darauf achten, dass hier nicht zu viel vom Rand verloren geht.

Für die Füllung einfach Schmand, Frischkäse, Salz und Pfeffer miteinander vermengen. Schnittlauch hacken.

Die Paprika würfeln und zusammen mit dem Schnittlauch und dem Kartoffelinneren zu Frischkäse und Co. geben.

Wer mag, gibt noch geriebenen Käse mit dazu. Bacon geht natürlich auch.

Verrühren!

Die Kartoffeln mit einem Löffel befüllen und dabei so von oben nach unten am Rand entlang streichen, dass die Füllung in der Kartoffel bleibt und nicht beim Grillen herunterfällt.

Die Kartoffeln in eine Gusspfanne geben und darauf achten, dass sie bei einer Kombination aus direkter und indirekter Hitze nicht von unten zu heiß werden. Wer Käse besonders gerne mag, streut ihn noch oben drüber, dann geht der Deckel zu. Nach rund fünfzehn Minuten sind die Kartoffeln – und hoffentlich auch das Steak – fertig.

MÜSSEN ES IMMER BRATKARTOFFELN SEIN? ODER OFEN-KARTOFFELN? ODER, NOCH SCHLIMMER: POMMES?

Nö. Wir entscheiden uns für Süßkartoffeln. Und wissen: Der Eine mag sie so richtig, der Andere so gar nicht. Was vielleicht mit der Zubereitung zu tun hat. Diese hier ist ungewöhnlich. Und saulecker.

KARLA
TOFFEL

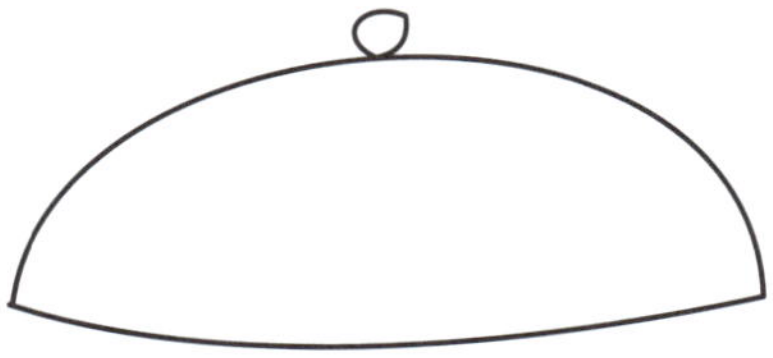

So richtig lecker sehen Süßkartoffeln im rohen Zustand nicht aus. Und das ändert sich nicht, wenn man sie direkt in die Kohlen legt. Ja, richtig gelesen und gesehen: direkt rein damit. Deckel zu und warten. Bis sie schwarz werden. Sehr schwarz sogar.

Dann ein Mal wenden und dem Reflex widerstehen, sie sofort aus dem Grill nehmen zu wollen. Es ist genau richtig, wenn die Süßkartoffeln jetzt wie verkohlte Zigarren aussehen.

Handschuhe anziehen und mal ganz vorsichtig drücken und fühlen. Fühlt sich noch hart an? Dann noch auf den Kohlen lassen. Fühlt sich weich an? Raus damit!

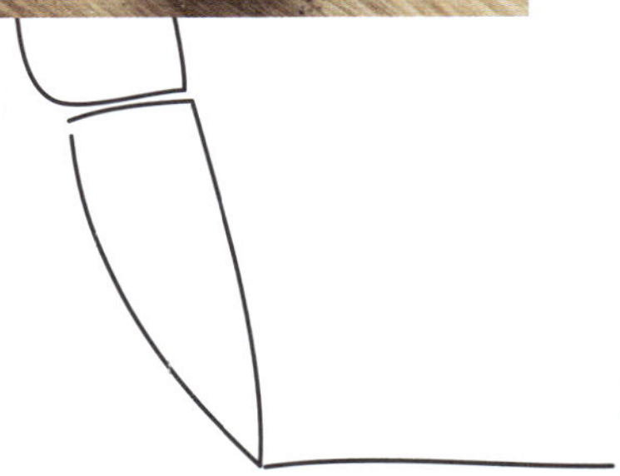

Mit einem scharfen Messer einen Schlitz in die Süßkartoffel schneiden und von beiden Seiten gleichzeitig drücken, damit die Kartoffel ein wenig aufspringt.

Mit dem Löffel einen Dip (unsere Empfehlung: exotisch!) ins Innere geben, Teelöffel reinstecken und ab damit auf den Teller.

DIP-REZEPTE AB SEITE 214

TSCHÜSS OFENKARTOFFEL,

du wurdest gerade von etwas deutlich Leckererem abgelöst.

FRÜHER,

da ist man an Maisfeldern vorbeigelaufen und hat so ganz nebenbei mal einen Kolben mitgenommen. Oder zwei. Hat sie über dem Lagerfeuer mehr schwarz denn lecker gegrillt und sich gefragt: Was genau soll daran jetzt gut schmecken?

HEUTE

steht auf den Feldern meist nur noch Futtermais; gleichzeitig ist das, was man so im Supermarkt bekommt, eingeschweißte Massenware, die immer noch von den Meisten zu lange, zu heiß, zu schwarz gegrillt wird. Ergebnis? Siehe oben.

MAX MAIS

SO GEHT'S RICHTIG:

Mit einem sehr scharfen Messer die Enden der Kolben so abschneiden, dass eine glatte Fläche entsteht.

Leg sie dann auf die obere Region in deinem Grill, die nur indirekt befeuert wird. Da können sie so lange liegen bleiben, bis sie weich, aber nicht braun geworden sind.

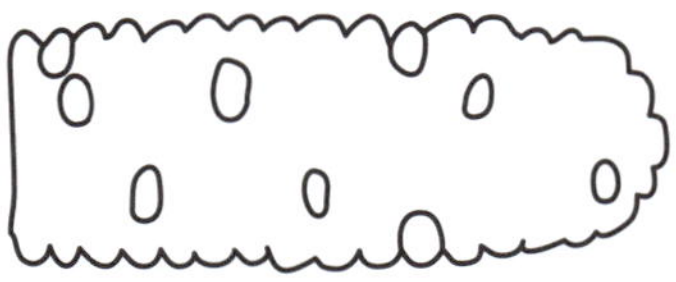

Stell eine Pfanne auf den Grill und erhitz in ihr behutsam Kräuterbutter. Vorsicht! Die Butter nicht anbrennen oder sogar verbrennen lassen.

REZEPT AUF SEITE 226

Jetzt die Maiskolben in die Pfanne legen und immer wieder mit der flüssigen Butter übergießen. So werden sie weich und saftig, ohne zu dunkel zu werden. Immer schön am Grill stehen bleiben und zusehen, dass die Maiskolben komplett mit Butter überzogen sind.

Übrigens: Es gibt ganz praktische Pikser im Zubehörhandel, mit deren Hilfe sich die Maiskolben besser abknabbern lassen. Schade nur, dass sie häufig im Müll landen, weil jemand beim Abräumen nicht aufgepasst hat und sie mitsamt Maisresten entsorgt hat.

ABER:
ES GEHT
AUCH
ANDERS!

MAYONNAISE AUF MAISKOLBEN? GEHT'S NOCH?

Jap, irgendwann ist's auch mal gut mit klassischen Maiskolben und Kräuterbutter. Und Zeit, mal etwas Neues auszuprobieren. Am besten nimmt man dazu frischen Mais, nicht vom nächstbesten Feld geklaut, sondern auf dem Markt gekauft.

4 MAISKOLBEN
MAYONNAISE
CAYENNEPFEFFER
PARMESAN
LIMETTENSAFT
} NACH GESCHMACK

ZEHN MINUTEN

Die Kolben vom Grün befreien und zehn Minuten lang in einem Topf köcheln lassen.

Wenn der Mais richtig schön gelb-orange geworden ist, aus dem Wasser direkt auf den Grill legen.

Aufpassen, dass die Maiskolben nicht schwarz werden – aber dennoch bei gut 200 Grad direkt auf dem Grillrost grillen.

Wenn sie schön braun geworden sind, vom Grill nehmen und direkt dünn mit Mayonnaise bestreichen.

Nun etwas – oder, für alle die es schärfer mögen, etwas mehr – Cayennepfeffer auf die Mayo-Maiskolben geben und frisch geriebenen Parmesan drüberstreuen.

Am Ende noch mit Limettensaft beträufeln. Jetzt nicht zu Messer und Gabel greifen, sondern den Maiskolben in die Hand nehmen und abbeißen. Richtig, das kann in einer kleinen Sauerei ausarten. Aber in einer, die verdammt gut schmeckt.

PALINA & PABLO PAPRIKA

Für die perfekte Liebe?
Braucht es nicht viel.
Für dieses Rezept auch nicht.
Nur: Spitzpaprika, Olivenöl
und Salzflocken.

Das hat sich die Zubehörindustrie ganz schlau überlegt:
Für jede Gemüseart gibt es eine eigene Feuerschale, eine Pfanne oder irgendein anderes Behältnis, in der das klappt, was viele anstreben: heißes Grillgemüse, dem man nicht anmerkt, dass es auf dem Grill erhitzt wurde. Was für ein Quatsch.

WENN ETWAS VOM GRILL KOMMT, DANN SOLLTE MAN DAS AUCH SEHEN. UND VOR ALLEM: SCHMECKEN.

Sonst einfach in der Küche am Herd bleiben
und Gemüse vor sich hin dämpfen.

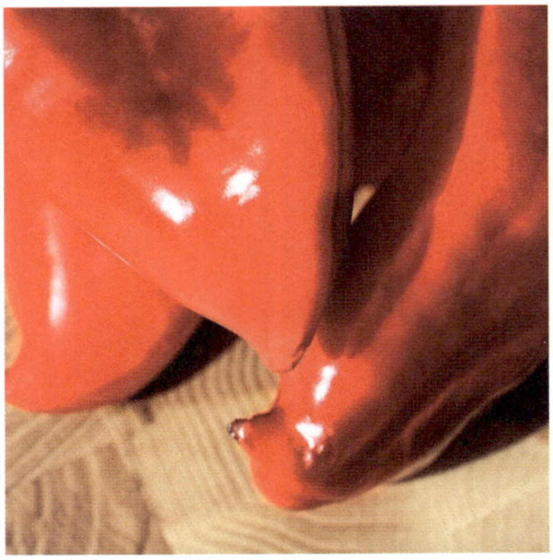

Die Spitzpaprika zeigt, wie es richtig geht. Mit einem Messer über das gesamte Gemüse hinweg kleine Löcher in Haut und Inneres piksen. Nur so kann die Hitze beim Grillen aus der Paprika entweichen.

Dann die Spitzpaprika direkt auf den heißen Rost legen.

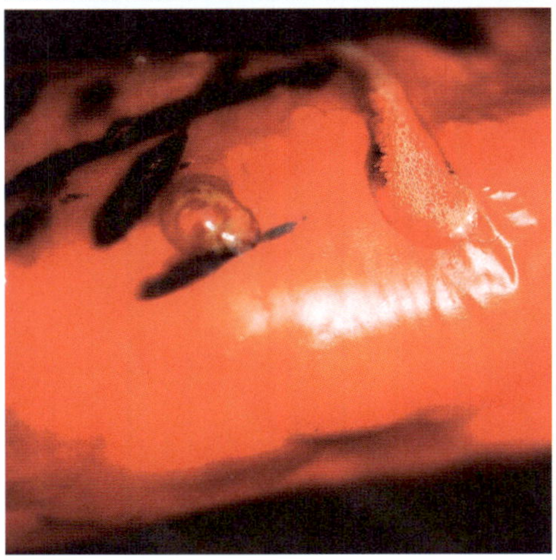

1x

Es bilden sich schwarze Stellen? Wunderbar. Ein Mal wenden und zusehen, wie Saft aus den zuvor gepiksten Löchern tritt.

Sich freuen, noch ein wenig warten und die Paprika vom Grill nehmen. Vorsichtig mit dem Messer den oberen Teil am Stil so einritzen, dass sich dieser Teil – und vor allem das kernige Innere – abziehen lassen.

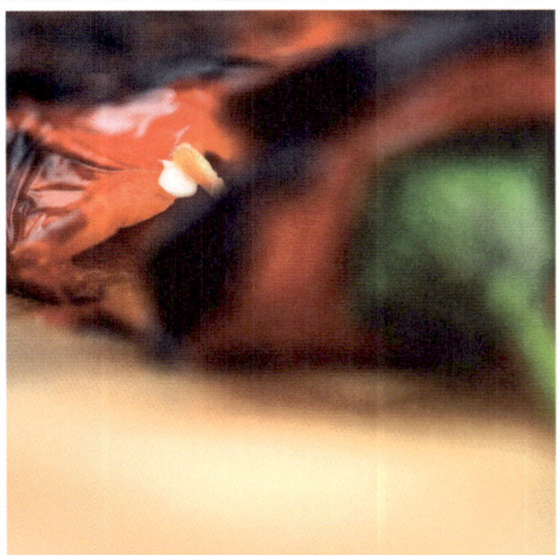

← SAUBER ABGETRENNT

Die restliche Spitzpaprika in Stücke schneiden.

MUNDGERECHT →

SALZ-FLOCKEN DRAUF

Olivenöl drauf – und fertig ist ein Grillgemüse voller Röstaroma.

Schmeckt nicht nach Vollwertkost, sondern nach Lagerfeuer. Und ist nicht nur was für Vegetarier. Versprochen.

Den Ziegenmilchkäse – auch Feta genannt und bitte nicht beim Discounter gekauft – in zwei Hälften teilen und in eine Tapasschale legen.

Alufolie geht auch, aber irgendwie sind die Tonschalen nicht nur schöner und appetitlicher, sondern auch noch wiederverwendbar. Aber auch hier entscheidet dein persönlicher Geschmack.

Spitzpaprika und Frühlingszwiebeln in sehr dünne Scheiben schneiden, wer mag, gibt auch etwas Chili dazu.

Kräuter der Provence, Salz, Pfeffer, Spitzpaprika und Olivenöl über den Fetakäse rieseln lassen und ab damit auf den Grill.

Bei der Temperatur darauf achten, dass es ein Mix aus schwacher Hitze von unten und deutlich mehr Hitze von der Seite und oben wird, damit der Käse schön weich wird und von unten nicht anbrennt. Sobald das Olivenöl vor Hitze nur so blubbert und der Käse weich und am Rand bräunlich geworden ist: Handschuhe an, runter mit den Schalen vom Grill.

Jetzt fix Frühlingszwiebel in Ringen und geriebenen Grana Padano darüber streuen und direkt im Schälchen auf den Teller stellen. Die Gäste warnen: Das Ding ist immer noch sauheiß. Und dann den gesamten Sommer über nichts anderes mehr als Beilage essen.

FIETE FETA

Hier müssen wir uns mal outen: das ist unsere Lieblingsbeilage. Die wir wochenlang essen können, ohne dass wir davon müde oder gelangweilt werden. Dabei ist sie ganz einfach zubereitet und schmeckt zu fast allem.

400 G FETA
2 FRÜHLINGSZWIEBELN
1 SPITZPAPRIKA
1 CHILISCHOTE
OLIVENÖL
GRANA PADANO
KRÄUTER DER PROVENCE

ZACHARIAS ZUCCHINI

Es haben sich Vegetarier zum Grillen angemeldet? Dann ist das hier genau das Richtige. Geht schnell und einfach, sodass du dich zügig wieder um deine Steaks kümmern kannst. Ehe du am Ende merkst: So eine Zucchini schmeckt viel besser als gedacht. Nicht nur Vegetariern.

2 ZUCCHINIS
ORDENTLICH DIP
1 HANDVOLL CRANBERRYS

Die Zucchini abwaschen und in zwei Hälfen zerteilen. Mit einem Löffel das Innenleben so herausnehmen, dass nur noch das Fruchtfleisch ohne jegliche Kerne zu sehen ist.

Jetzt die Zucchini mit einem Dip deiner Wahl füllen.

DIPS AB SEITE 214

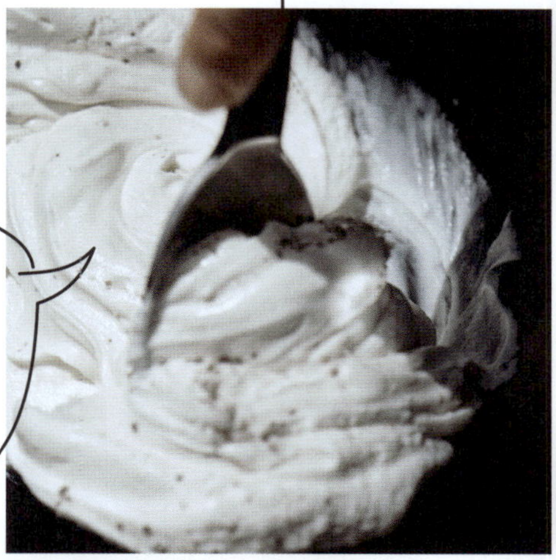

Ein paar Cranberrys drauf-streuen, die Zucchini auf den Grill legen und bei indirekter Hitze und gut 180 Grad so grillen, dass der Dip anfängt, zu verlaufen und sich oben eine leicht braune Haut bildet.

Jetzt etwas Feuer von unten geben, damit auch die Schale schön braun wird. Fertig ist die simple, aber superleckere Beilage.

PILZE AUF DEM GRILL SIND JA SO 'NE SACHE.

Schnell werden sie sehr heiß, braun und vor allem: trocken.

Also füllen wir die Champignons, damit genau das nicht passiert.

10 GROSSE CHAMPIGNONS
BASISDIP (SEITE 215)
1 CHILISCHOTE
200 G CHEDDARKÄSE

CHARLES
CHAMPIGNON
1
2
3

SORRY...

Du musst erst einmal ein bisschen blättern. Schnapp dir den Basisdip von Seite 215 und misch ein wenig Cheddarkäse drunter.

Jetzt kommt es drauf an, wie stark du bist.

Du bist ein echter Teufelskerl? Dann pack dir so viel Chili in die Füllung, dass es teuflisch scharf wird.

Den Stiel entfernen und mit einem gerade geschärften Messer den unteren Rand am Pilz so entfernen, dass eine echte Kante entsteht.

Den Stiel weder wegwerfen noch aufessen.

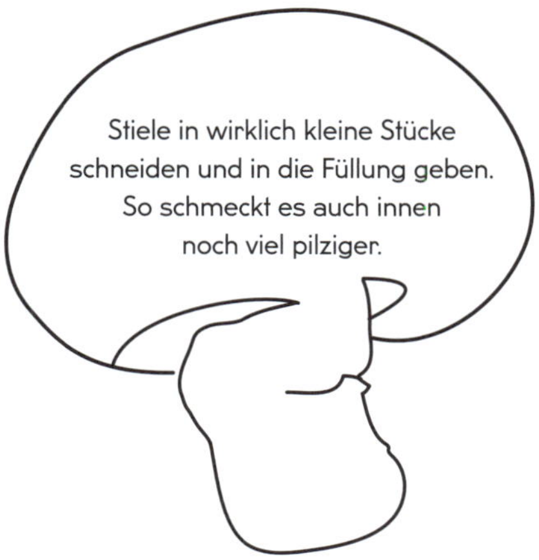

Stiele in wirklich kleine Stücke schneiden und in die Füllung geben. So schmeckt es auch innen noch viel pilziger.

TIPP!

Falls etwas von der Füllung übrig bleibt, einfach als Dip mit auf den Tisch stellen.

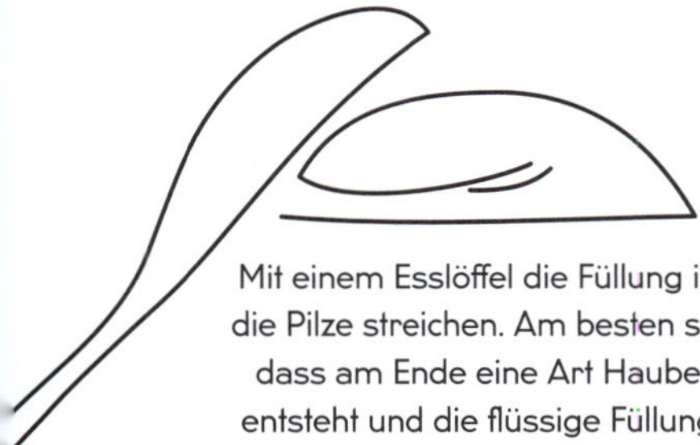

Mit einem Esslöffel die Füllung in die Pilze streichen. Am besten so, dass am Ende eine Art Haube entsteht und die flüssige Füllung beim Grillen nicht über- und rauslaufen kann.

I ♥ CHEESE

Der Käseliebhaber bestreut den Champignon noch mit Cheddar. Der Käsehasser erspart sich das lieber. Wir liegen irgendwo dazwischen. Und können uns nicht ganz entscheiden.

GABRIELLE

GARNELEN-CANAPÉ

Hier mal eine schnelle Nummer. Für den kleinen Appetit. Oder als Starter für den großen Hunger. Funktionieren tut das mit gekühlten oder gefrorenen und am besten natürlich mit frischen Garnelen.

400 G GARNELEN (OHNE KOPF & SCHALE), SEAFOOD-GEWÜRZ, 1 BAGUETTE, OLIVENÖL UND 4 KNOBLAUCHZEHEN

Wir entscheiden uns
für die Kühlschrankvariante
und wenden diese zuerst in
herkömmlichem Seafood-Gewürz.

Jede einzelne Garnele mit
dem Messer so einschneiden,
dass sie sich öffnen und mit
der Öffnung nach unten auf
ein Brett legen lässt.

Alle Garnelen so bearbeiten,
auf das Brett legen – und ab damit
auf den Grill bei indirekter Hitze.
Parallel dazu Baguettescheiben auf
den Grill legen, braun grillen und
wieder runter damit.

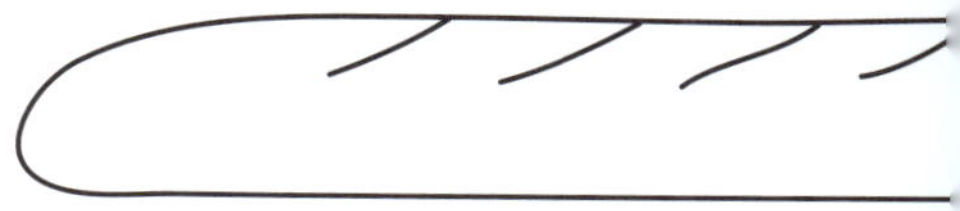

Auf eine Untertasse viel Olivenöl gießen
und das Baguette darin schwimmen
lassen, bis es sich mit Öl vollgesogen
hat. Eine Knoblauchzehe über die raue
Baguetteoberfläche reiben und dann die
fertig gegrillten Garnelen darauf legen.

Schmeckt nach Meer und mehr.
Was man schon beim
Einkaufen bedenken sollte.
Denn ein Canapé kommt – und
geht – nur selten allein.

In einer Schüssel die Pimientos mit ganz schön viel Olivenöl …

… und Salz vermengen, sodass jede Pimiento rundum mit Öl benetzt ist.

Eine gusseiserne Pfanne auf den Grill stellen und mal so richtig heiß werden lassen. Wenn sie vor Hitze nur so flimmert, die Pimientos in die Pfanne geben und immer wieder wenden, damit sie nicht anbrennen.

DEIN VORTEIL:

Du musst nicht erst jetzt dafür sorgen, dass dein Gemüse von allen Sorten schön eingeölt ist. Klappt übrigens auch mit kleinen Kartoffeln. Und: Beide, also Kartoffeln und Pimientos, brauchen Platz. Also gönn dir und ihnen lieber die Pfanne in einer Nummer größer.

Wenn sich das Grün an einigen Stellen braun färbt, sind die Pimientos fertig. Zum Abkühlen noch ein wenig neben dem Grill stehen lassen und dann ab auf den Tisch damit.

PINA PIMIENTO

Na, wenn das kein Gericht ist, das nach Urlaub schmeckt. Eben noch haben wir auf Mallorca auf diesem Dorfplatz an einem dieser wackeligen Tische gesessen und nicht genug von den Pimientos bekommen – und stellen jetzt fest: So einfach ist es gar nicht, die Dinger so zu grillen, dass sie außen nicht verbrennen und innen noch kalt sind. Wie es richtig geht? Lernst du hier.

500 G PIMIENTOS
VIEL OLIVENÖL
GROBES SALZ

BAKED BEANS BROTHERS

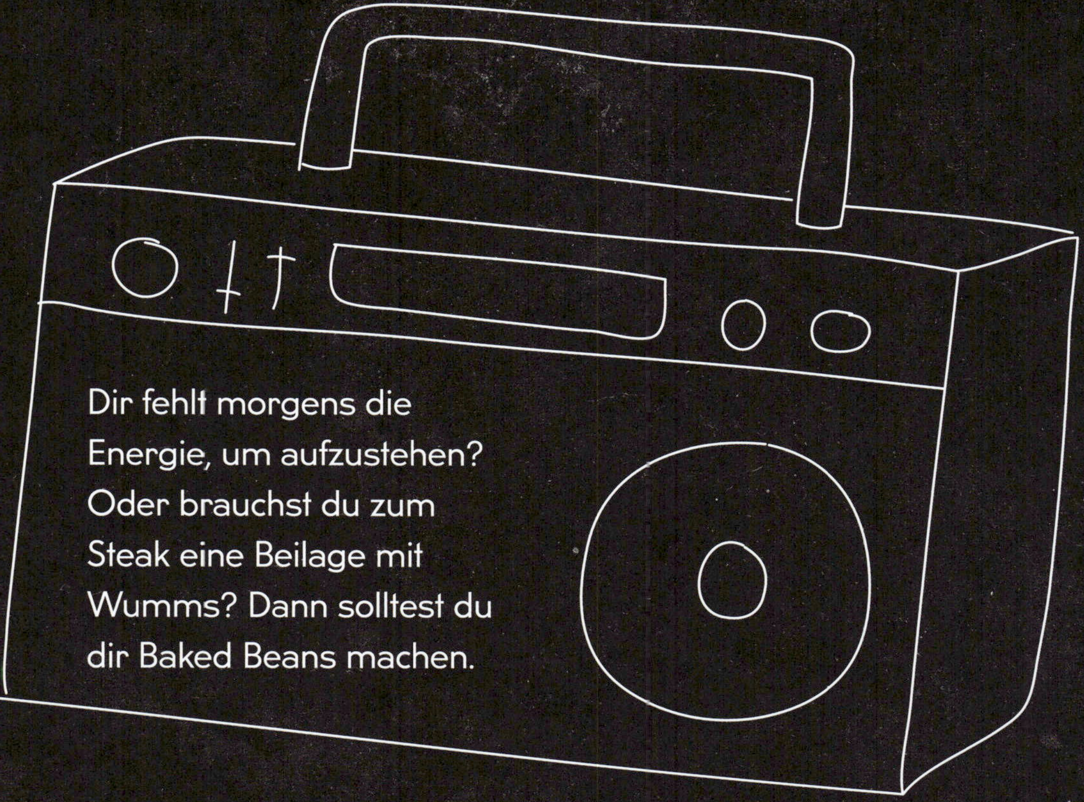

Dir fehlt morgens die Energie, um aufzustehen? Oder brauchst du zum Steak eine Beilage mit Wumms? Dann solltest du dir Baked Beans machen.

JE 350G →
KIDNEY-, WEISSE + SCHWARZE BOHNEN
1 DOSE TOMATENSTÜCKE
200ML BBQ-SOSSE
2 EL VON DEM MIX AUS > KNOBLAUCHGRANULAT + KRÄUTERN DER PROVENCE

Für Baked Beans braucht es vor allem eins: Bohnen. Wir verwenden Kidneybohnen, weiße Bohnen und schwarze Bohnen.

Die Bohnen gibst du in eine feuerfeste Pfanne, die schon auf dem Grill – oder, noch besser: auf dem Lagerfeuer – wartet.

Tomatenstücke aus der Dose dazu – gönn dir was Ordentliches und nicht den Gemüseverschnitt vom Discounter.

Mix aus Knoblauchgranulat und Kräutern der Provence drüberstreuen, Barbequesoße hinzufügen.

Und dann: Sanft köcheln lassen. Irgendwann musst du dich allerdings entscheiden: Was soll es denn nun werden? Deftiges Frühstück? Kräftige Beilage? Oder die Basis für ein perfektes Chili con Carne?

DAS
SOLL ALLES
SEIN? →

Wo wir schon dabei sind und sich die

← BAKED BEANS

perfekt als Grundlage anbieten, kommt hier noch eine Chili-Variante für alle, die gerade vom Kühenachhausetreiben zurückgekehrt und so richtig hungrig sind.

1 STÜCK RINDFLEISCH
250G BACON AM STÜCK
1 ZWIEBEL
1 KNOBLAUCHZEHE
1 CHILISCHOTE

Also: Nichts wie los und direkt am Feuer noch ein ausgewachsenes Stück Fleisch gegrillt. Das muss und sollte kein Filet sein, sondern gerne leicht durchwachsenes Rind. Was halt gerade so da ist. Oder, im Falle des Cowboys, gerade vor deiner Nase her läuft.

BACON

geht immer, also klein würfeln und ab damit in eine zweite Pfanne. Zwiebeln, Knoblauch und Chilischote klein schneiden und dazugeben.

Jetzt das gegrillte Fleisch in kleine Würfel schneiden und zusammen mit den anderen Zutaten unter die Bohnen mischen. Fertig ist das Chili, wie es sein sollte.

OHNE CHICHI,

gegrillt am offenen Feuer.

Klar geht das auch auf Kohle oder im Gasgrill. Aber seit wann hat der Cowboy in der Prärie schon 'ne Gasflasche zur Hand?

SOSSEN & DIPS

Es gibt ja diese Gastgeber, die schneiden und schnippeln unglaublich gerne. Legen dann die Karotten-, Paprika- und Gurkenschnipsel auf den Tisch und man fragt sich: Fehlt da nicht noch was? Bin ich ein Kaninchen? Das Gleiche gilt auch für ein ofenfrisches Baguette. Da muss es nicht immer Kräuterbutter sein.

ALSO: HER MIT DEN DIPS!

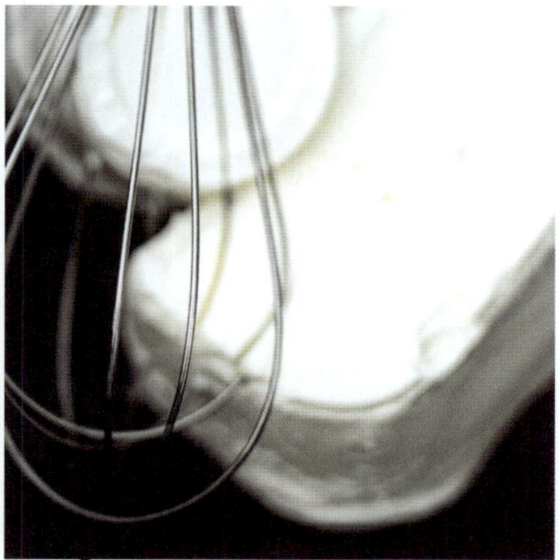

Für die Basis:

250g QUARK

Nimm nicht den mit höchstmöglicher Magerstufe – abnehmen kannst du morgen, heute soll es schmecken.

150g SAUERRAHM
SALZ + PFEFFER
2 EL OLIVENÖL

Kräftig verrühren.
Fertig.

DAS IST DIE BASIS.

Für den ersten Dip zerhacken wir noch ein wenig glatte Petersilie und machen ihn so zum Kräuterdip. Das geht natürlich auch mit Schnittlauch, mit Basilikum. Wir bleiben aber dabei: Mach es nicht zu exotisch, dreh nicht ab. Petersilie klingt so langweilig wie sieben Wochen lang Weißbrot auf dem Speiseplan. Ist es aber lange nicht.

KRÄUTER
EXO

FRUCHTIG
TISCH

BASISDIP {SEITE 215

1 THAI-KNOBLAUCH
SALZFLOCKEN
1 EL CURRYPULVER
1 EL HONIG
CHILIFLOCKEN

Halbiere einen Thai-Knoblauch. Der ist schön würzig, aber die Würze schmeckst nur du – dein Sitznachbar morgen in der U-Bahn riecht davon nichts.

EINE KLASSISCHE WIN-WIN-SITUATION

Den Knoblauch sehr, sehr klein hacken, Salz draufstreuen, und dann mit der Messerklinge so bearbeiten, dass eine Art Knoblauchbrei entsteht.

MERKE:

Wenn Knoblauch ins Spiel kommt, immer so bearbeiten – das macht ihn geschmacklich viel intensiver als normal gehackten Knoblauch.

Currypulver, Chiliflocken (je nach Schärfewunsch) und ordentlich Honig dazugeben, umrühren,

FERTIG.

IMMER NOCH NICHT DAS PASSENDE DABEI? DANN NIMM DIES:

BASISDIP {SEITE 215
JE 1 HANDVOLL
GETR. APRIKOSEN +
BASILIKUMBLÄTTER
50G TOMATENMARK

Die getrockneten Aprikosen in wirklich kleine Stücke schneiden. Basilikum in eine ausgewachsene Männerhand nehmen, zu einem Ball formen und dann klein hacken.

Aprikosen, Basilikum und Tomatenmark in den Basisdip geben, umrühren. Das war's! Jetzt musst du dich nur noch für deinen Lieblingsdip entscheiden.

DU HAST DIE WAHL.

Als wir diese Soße zum ersten Mal probiert haben, sollten wir raten, was drin ist. Wir haben unser sehr ernstes Gesicht aufgesetzt, haben wieder und wieder in den Burger von Jörn gebissen und wussten schnell: Das schmeckt saugut. Und wussten gleichzeitig nichts. Also von dem, was da in der Soße ist.

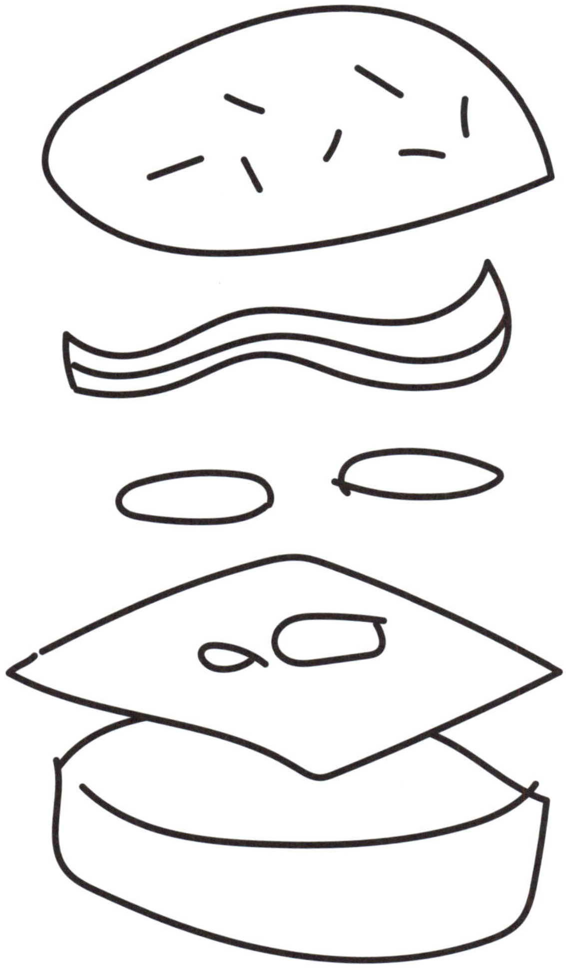

Das Schöne aber ist: Jörn hat es uns dann doch verraten.

Grundlage für die Soße ist Mayonnaise oder, noch besser, Miracel Whip. Das ist Schleichwerbung, stimmt. Aber schmeckt hier nun mal am besten. Dazu Gurkenrelish. Danach muss man im Supermarkt ein wenig suchen, aber die Suche lohnt sich. Also rein damit in die Rührschüssel. Dazu kommen noch Senf, grobes Salz, frischer, grob gemahlener Pfeffer, ein wenig Knoblauchgranulat und ein Schuss Apfelessig.

ALLES IN EINEN POTT:

LOCKER UMRÜHREN ...

Und jetzt den Freunden zum Raten, vor allem aber zum Probieren hinstellen. Gekaufte Burgersoße? Ist ab sofort dunkelste Vergangheit, an die du nicht mehr erinnert werden möchtest.

CHICKENBURGER AUF SEITE 28

NATÜRLICH KANN MAN SICH KETCHUP AUS DEM SUPERMARKT KAUFEN.

Dann hat man ein rotes, dickflüssiges Etwas, das stark nach Zucker und schwach nach Tomate schmeckt. Oder man macht Ketchup einfach selbst.

700 g FRISCHE TOMATEN
1 ZWIEBEL + 1 KNOBLAUCHZEHE
SAFT EINER HALBEN ZITRONE
JE 1 PRISE ZIMT UND CHILI
3–4 TL ZUCKER
SALZ UND PFEFFER
2 EL ÖL ZUM BRATEN

ERGIBT 500 ML

Zunächst die Zwiebeln und den Knoblauch schälen und in kleine Stücke schneiden.

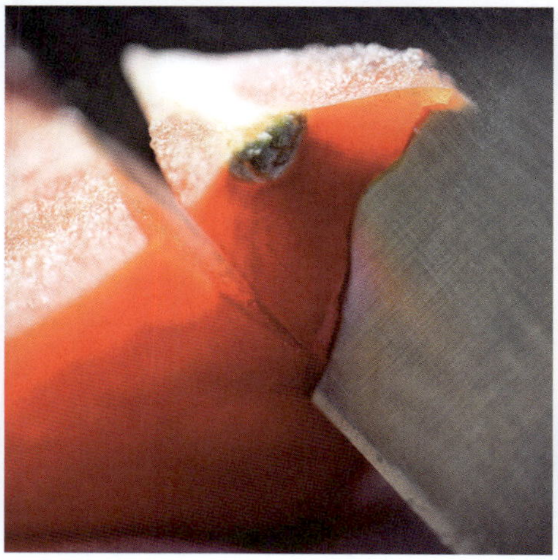

Die Tomaten waschen, halbieren, den grünen Strunk keilförmig herausschneiden und die Tomatenhälften ebenfalls klein schneiden.

Jetzt Öl in einem Topf auf dem Grill erhitzen, Zwiebeln und Knoblauch hinzugeben, glasig dünsten. Zucker darüber streuen und weiter zuschauen, wie Knoblauch und Zwiebeln glasig werden.

Tomatenstücke in den Topf geben. Zitronensaft und Gewürze hinzufügen und das Ganze etwa fünfzehn Minuten lang lustig köcheln lassen.

Sobald die Tomaten weich sind, den Topf vom Herd nehmen. Die Tomaten jetzt mit einem Stabmixer oder einer Küchenmaschine pürieren. Abschmecken und in ein sauberes Glas oder eine saubere Flasche füllen. Sobald der Ketchup abgekühlt ist, bewahrst du ihn am besten im Kühlschrank auf – natürlich nur, falls er nicht direkt dem Grillabend zum Opfer fällt.

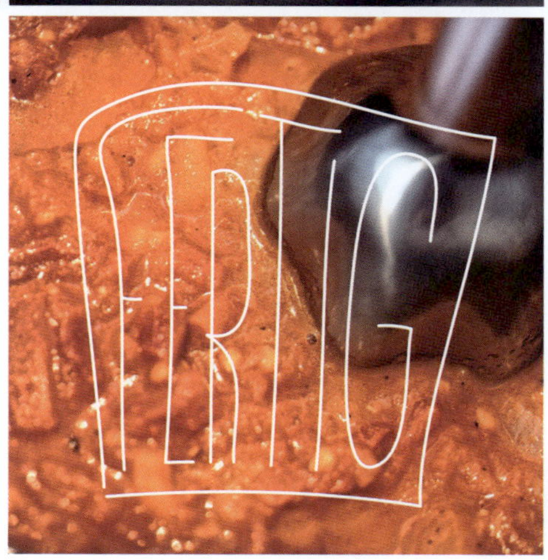

Das schwierigste am Gericht ist der Name. Wie heißt es denn nun richtig?

ZAZIKI
TSATSIKI
TZAZIKI

Egal. Hauptsache, es ist so viel Knoblauch drin, dass man noch Tage später niemandem erzählen muss, was es da vor ein paar Tagen Herrliches zu essen gab. Irgendwann, vor langer Zeit, haben wir mal in diesem Zusammenhang Knoblauchzehe und Knoblauchknolle miteinander verwechselt – kann passieren. Aber nur ein Mal.

- 250 G QUARK
- 150 G JOGHURT NATUR ODER GRIECHISCHER
- 1 TL HONIG
- 1 SALATGURKE
- 1 KNOBLAUCHZEHE
- SALZ + PFEFFER
- 1 SCHUSS OLIVENÖL

Für den Tsatsiki im
ersten Schritt Quark und
Joghurt vermengen.

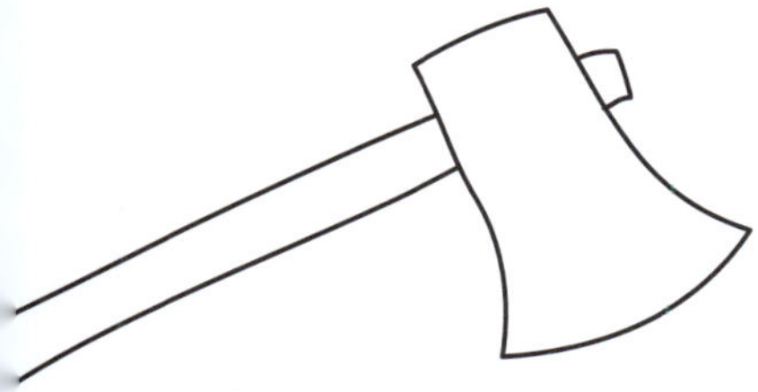

Honig, Salz, Pfeffer und eine
klein gehackte Knoblauchzehe
hinzugeben.

Die Salatgurke
fein reiben und zu
der Quark-Joghurt-
Mischung geben.

Olivenöl mit in die Rühr-
schüssel geben. Die will, wie
der Name schon sagt, kräftig
gerührt werden, ehe der
Tsatsiki, ganz gleich, wie er
denn nun geschrieben wird,
fertig ist.

KRÄUTER-BUTTER

Gibt's doch fertig im Kühlregal. Okay, komplett überteuert, aber dafür in einem Plastikschlauch so abgepackt, dass sich gut die Hälfte nie im Leben rauskratzen lässt. Kennste? Dann buttern wir also besser selber. In drei Varianten.

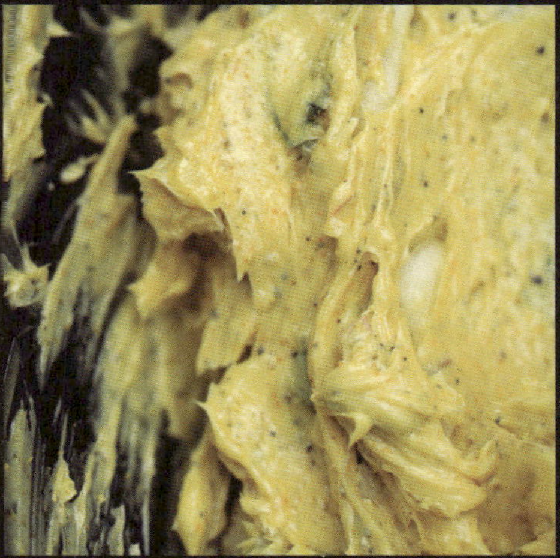

MILD

Butter
Schnittlauch
Salz
Pfeffer
Knoblauch

SCHARF

Butter
Chilischote
Salz
Pfeffer
Honig
Chiliflocken

SÜSS

Butter
Basilikum
Currypulver
Salz
Pfeffer
Rohrzucker
Apfel

MILD

Das Wichtigste vorab:

BUTTER WILL GESCHLAGEN WERDEN.

Nicht ein wenig, nicht kurz. Sondern so richtig. Damit da richtig viel Luft unter und in die Butter kommt.

Wir glauben ja fest daran, dass eine Kräuterbutter nicht x-verschiedene Kräuter braucht. Weil die eh niemand rausschmecken kann. Also nehmen wir einfachen, schlichten, ehrlichen Schnittlauch.

Salz und Butter passen perfekt zusammen, also beim groben Salz nicht geizen. Gemahlenen Pfeffer sowie klein gehackten – und mit dem Messer zerquetschten – Knoblauch hinzugeben.

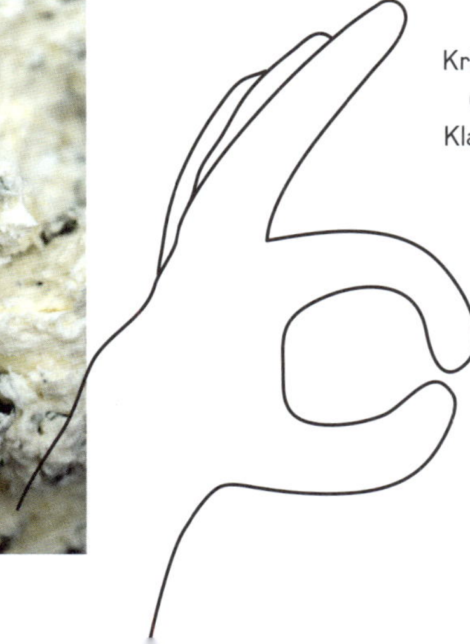

Kräftig verrühren und mit dem Klassiker ist alles in Butter.

SCHARF

Du magst Grillen nur, wenn dir die Schweißtropfen von der Stirn perlen? Und das nicht wegen der Hitze, sondern wegen der Schärfe? Okay, du hast es nicht anders gewollt.

Schnipple so viel frischen Chili, wie du vertragen kannst, in sehr feine Stücke. Am besten mit den bloßen Händen anfassen und danach die Augen reiben – du stehst ja schließlich auf die richtig scharfe Nummer.

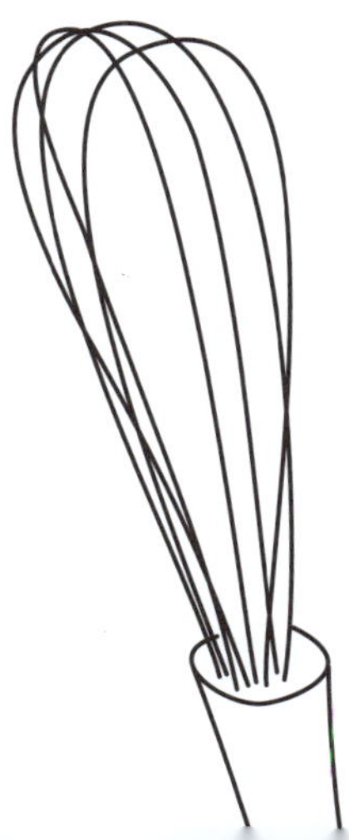

Frischen Chili, Salz, Pfeffer, Honig und Chiliflocken in die aufgeschlagene Butter geben und noch einmal kräftig umrühren. Achtung: hot!

SÜSS

Na? Du bist mehr so der süße Typ? Hast mit Chili und Schärfe nichts am Hut? Gut. Dann haben wir hier was für dich.

Wie gehabt die nicht kühlschrankharte, sondern wohnzimmerweiche Butter aufschlagen.

Basilikum klein schneiden und zusammen mit ganz schön viel Currypulver und gar nicht mal so wenig Salz vermischen.

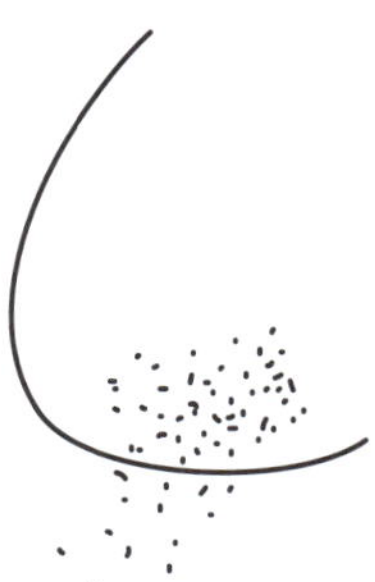

Gemahlenen Pfeffer und 'nen ordentlichen Schwung Rohrzucker dazugeben.

Für die süße Note einen Apfel, der gerade zur Hand ist, in kleine Stücke schneiden und ebenfalls zur Butter geben.

TIPP

Den Apfel nicht vorher schälen. Kein Mensch weiß, ob die Vitamine wirklich unter der Schale sitzen. Aber der Geschmack, der hat es sich genau da bequem gemacht.

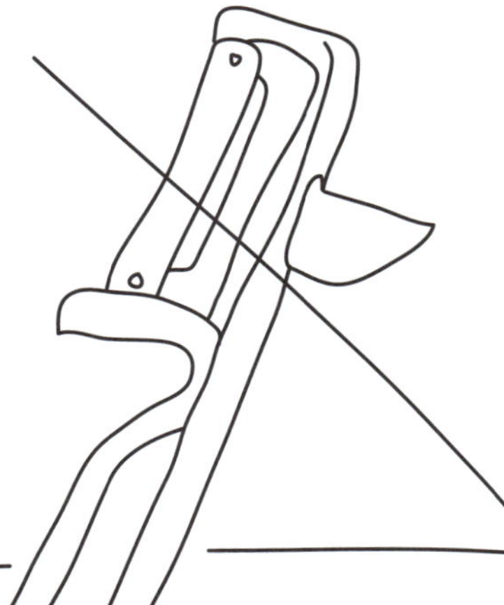

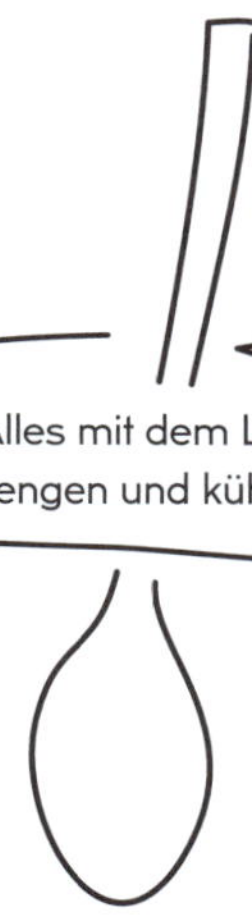

Alles mit dem Löffel vermengen und kühl stellen.

DU HAST DIE WAHL:

Die oder die oder die? Mach es wie wir: Tausch einfach jedes Oder gegen ein Und. Das klappt übrigens auch in vielen anderen Lebenslagen ganz hervorragend. Oder?

ZUM ABSCHLUSS EINEN ESPRESSO? ODER LIEBER EIN

DESERT?

ANNA NAS

Och, 'ne Ananas. Das wird ja schon nix Dolles sein. Rauf auf den Grill – vielleicht auf so kleinen Holzspießchen, heiß machen, mit Schokolade bestreichen, abkühlen lassen, fertig. Nun sind wir hier aber nicht auf der Kirmes, wo Obst und Schoko am Stiel für Preise verkauft werden, die Tränen in die Augen des Bezahlenden treiben. Wir grillen eine ganze Ananas – auch am Spieß, aber viel eleganter. Und mal so richtig heiß. Für Erwachsene.

1 ANANAS
AHORNSIRUP
WHISKY

Die Ananas mit einem scharfen Messer köpfen, dann von oben die Schale so abschneiden, dass auch die tiefen, dunklen Stellen an der Frucht verschwinden. Die verbrennen sonst schnell auf dem Grill – und werden sehr bitter.

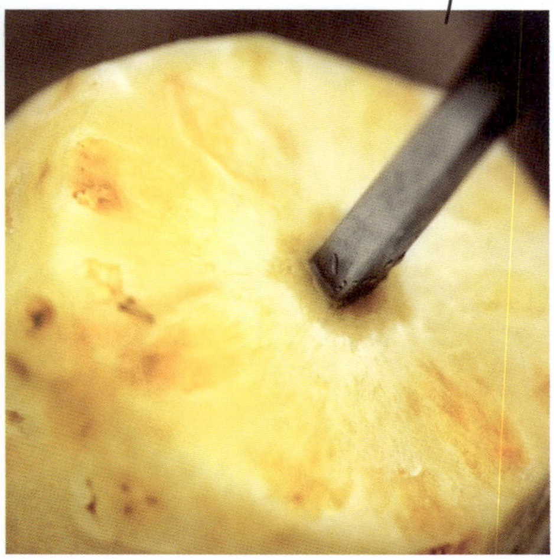

Beim Aufspießen der Ananas sehr vorsichtig sein. Denn das Innere ist hart und widerspenstig. Hat es aber aufgegeben, jagt der Spieß schnell hindurch und auf der anderen Seite wieder raus. Wohl dem, der dann seine Hand in Sicherheit hat.

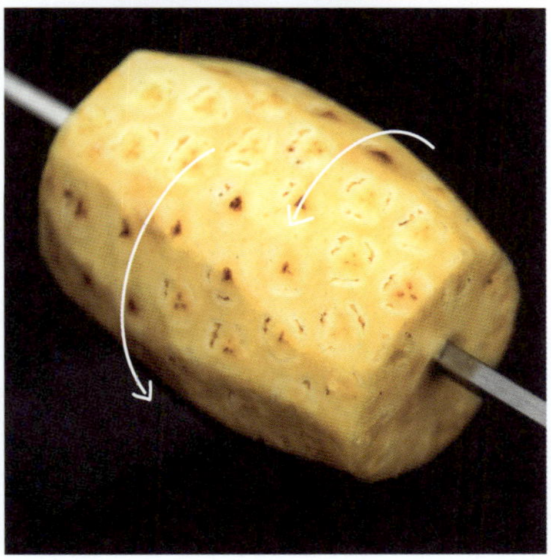

Unter die Ananas eine Auffangschale legen – wir haben uns für ein rundes Pizzablech entscheiden, das erfüllt seine Aufgabe hervorragend. Spießmotor anschalten, die Ananas mit Ahornsirup übergießen und bei rund 150 Grad und indirekter Hitze eine gute Stunde lang erwärmen.

Zwischendurch im Wechsel Ahornsirup und Whisky über die Ananas gießen und ganz am Ende 'nen Feuerzeug dranhalten. Das sorgt für Ahs und Ohs bei den Gästen, lässt den Alkohol, nicht aber den Geschmack danach verfliegen, und bringt noch richtig Dampf auf die Frucht, die dann vom Grill genommen und vom Spieß befreit werden sollte. Danach weiß jeder: Auf der Kirmes sollst du Achterbahn fahren. Aber nicht und nichts essen.

VIEL BRAUCHT ES NICHT

für diesen etwas anderen Nachtisch. Erstaunlicherweise braucht es aber Handschellen oder eine Muffinform. Aber nur, damit die Orangen nicht weglaufen.

3 Eier

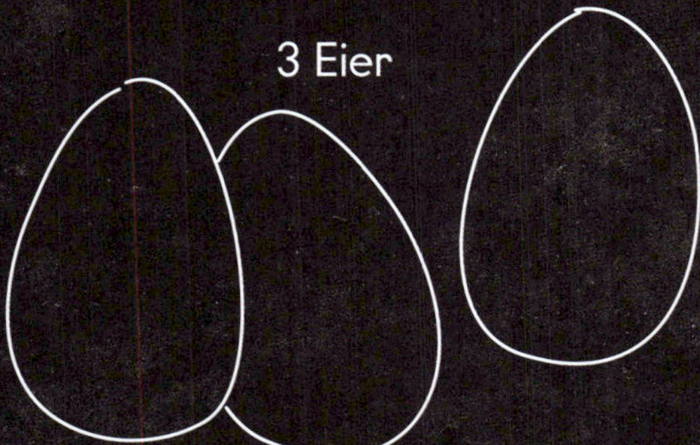

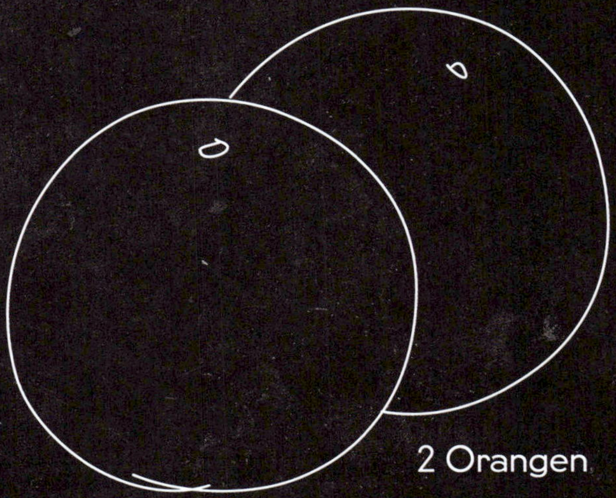

2 Orangen

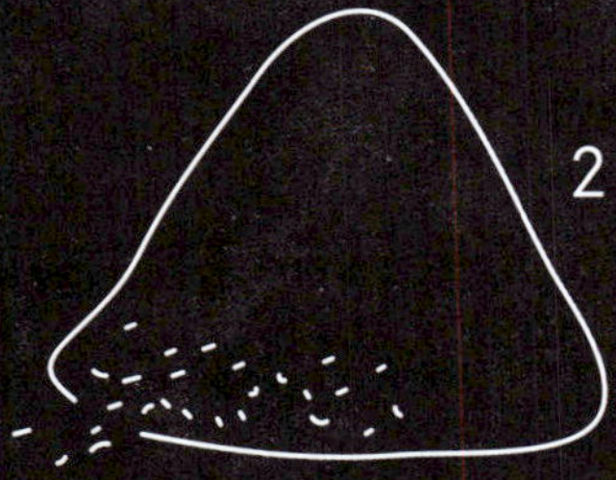

2 EL Zucker

500 ml Vanilleeis

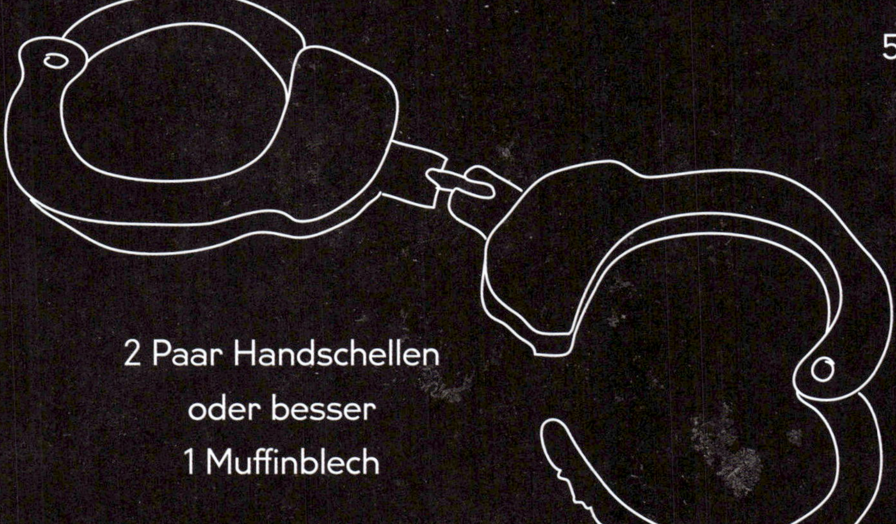

2 Paar Handschellen
oder besser
1 Muffinblech

OFFICER
ORANGE

Für vier Portionen brauchst du zwei Orangen, bei denen du da, wo der Stiel saß, ein wenig Schale entfernst, damit die Orangen später besser, äh, stehen.

2 ÷ 2 = 4

Dann die Orangen in zwei Hälften schneiden und auspressen.

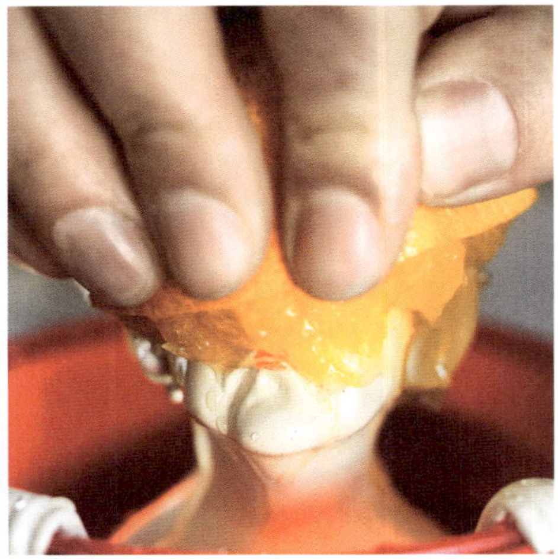

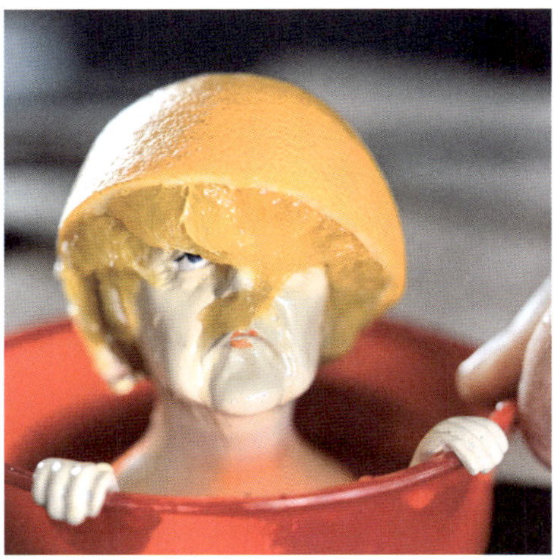

Wenn etwas Fruchtfleisch an der Schale hängenbleibt: umso besser. Dann schmeckt es nachher umso fruchtiger.

VANILLEEIS

in die ausgepressten Schalen löffeln und glattstreichen, sodass die Orangenhälfte komplett gefüllt ist. Wer mag, rührt hier noch ein wenig von dem Orangensaft unter. Sonst einfach kalt stellen und zum Grillen trinken.

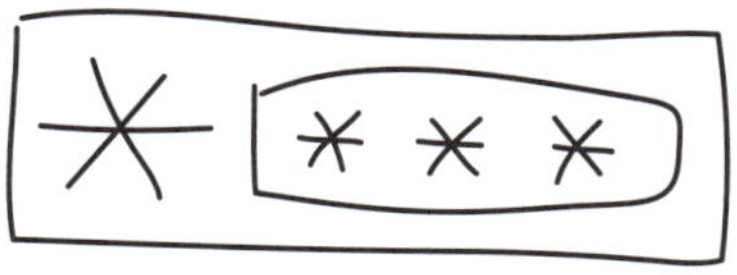

Die Orangenhälften wandern nun für mindestens zwei Stunden ins Eisfach, damit sie gut durchfrieren.

120 MINUTEN

In der Zwischenzeit die Eier trennen und so sorgfältig arbeiten, dass weder Schale noch Eigelb in die Rührschüssel fallen. Du brauchst jetzt die Eiweiße – und zwar pur. Ist schwer, stimmt. Aber auch wichtig. Zucker dazugeben und mit der vollen Power deiner Küchenmaschine oder eines Handrührgerätes zu festem Eischnee verquirlen.

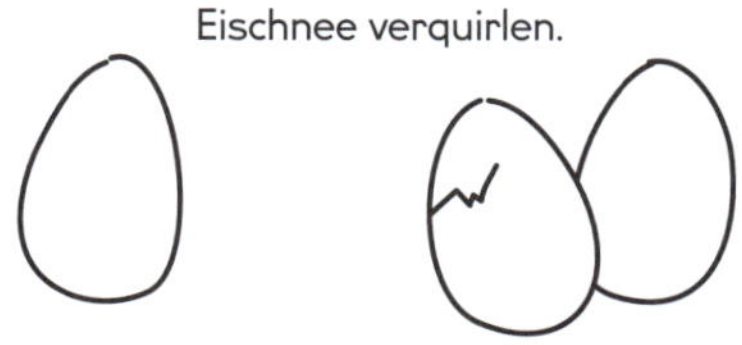

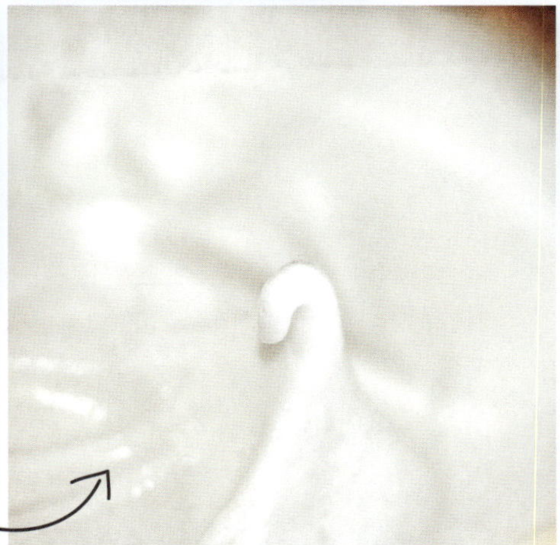

Das Ganze wie eine Haube auf die Orangenhälfte streichen, sodass Orange und Eis luftdicht verschlossen werden. Jetzt kommt die Muffinform zum Einsatz: Vorsichtig die Orangen reinsetzen und ab damit auf den Grill.

Der sollte schon auf voller Power stehen, 300 Grad darf er dabei locker erreichen. Dann bei indirekter Hitze – auf keinen Fall von unten erhitzen – die Eischneehauben schön braun grillen.

ACHTUNG:

Das geht sehr schnell.

Also nicht trödeln, sondern die Orangen im Blick haben. Wenn sie fertig sind: Löffel verteilen, Orangen verteilen und nicht verraten, wieso das Eis noch gefroren ist, so wunderbar nach Orange schmeckt, obwohl es Vanilleeis ist und wie man Orangen grillt, ohne dass sie durch den Grill purzeln.

BOB BANANE

4 BANANEN
KINDER SCHOKORIEGEL

Einfacher, schneller und leckerer geht's kaum: Banane nehmen und mit einem sauscharfen Messer oben die Schale so einschneiden, dass der Blick auf das Bananeninnere fällt.

NICHT ZU REIF!

Das obere Stück nicht ganz abschneiden, sondern zusammenrollen und mit einem zuvor gewässerten Holzspieß am oberen Ende der Banane befestigen.

Einen Schnitt in die Banane setzen und sie von beiden Seiten zart zusammendrücken, sodass dieser Schnitt größer wird und ein Spalt entsteht, in den sich die einzelnen Schokoladenstücke drücken lassen.

Den mit Schokolade gefüllten Spalt vorsichtig wieder zusammendrücken und die Banane auf den vorgeheizten Rost legen. 200 Grad ist hier die passende Temperatur. Nicht ins Schwitzen geraten, wenn sich die Bananenschale langsam braun verfärbt – das ist ganz normal. Fertig ist sie erst, wenn die Schokolade in der Frucht langsam zu schmelzen beginnt. Runter damit, Löffel rein und den Bananenschokomix direkt aus der Schale rauslöffeln.

MADAME
MUFFIN

GRILL

60G BUTTER
140G MEHL
1 PÄCKCHEN VANILLEZUCKER
½ PÄCKCHEN BACKPULVER
3 EIER
120G ZUCKER
100ML MILCH
100G SCHOKODROPS
PUDERZUCKER

VS.

BACKOFEN

Wieso solltest du Muffins
denn auf dem Grill
und nicht im Backofen backen?
Weil du es kannst.
Und weil du nicht in der Küche,
sondern draußen
am Grill stehen willst.
Ganz einfach.

Hier haben wir es dir ganz einfach gemacht: Einfach die gezeigten Zutaten in eine Rührschüssel geben. Selbst auf die Reihenfolge kommt es nicht an.

EINFACH REIN DAMIT!

Jetzt zeig, was du drauf hast. Heute spielst du Küchenmaschine und verrührst alles zu einem glatten Teig. Work-out und Grillen in einem, was willst du mehr?

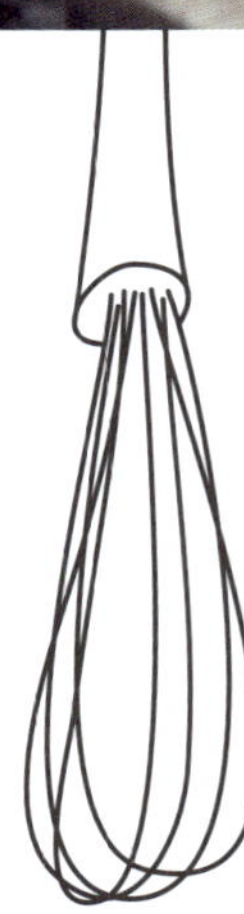

Jede einzelne Mulde der Muffinform mit Backpapier auskleiden und bis oben hin mit Teig füllen.

SCHOKO-DROPS DAZU

240°C

Bei rund 240 Grad und indirekter Hitze so lange grillen, bis die Muffins sie oben richtig schön braun sind.

Puderzucker in Hülle und Fülle drüberstreuen und ab sofort immer behaupten:

„Ein Muffin vom Grill schmeckt viel besser als aus dem Ofen."

ANN-CHRISTIN APPLE CRUMBLE

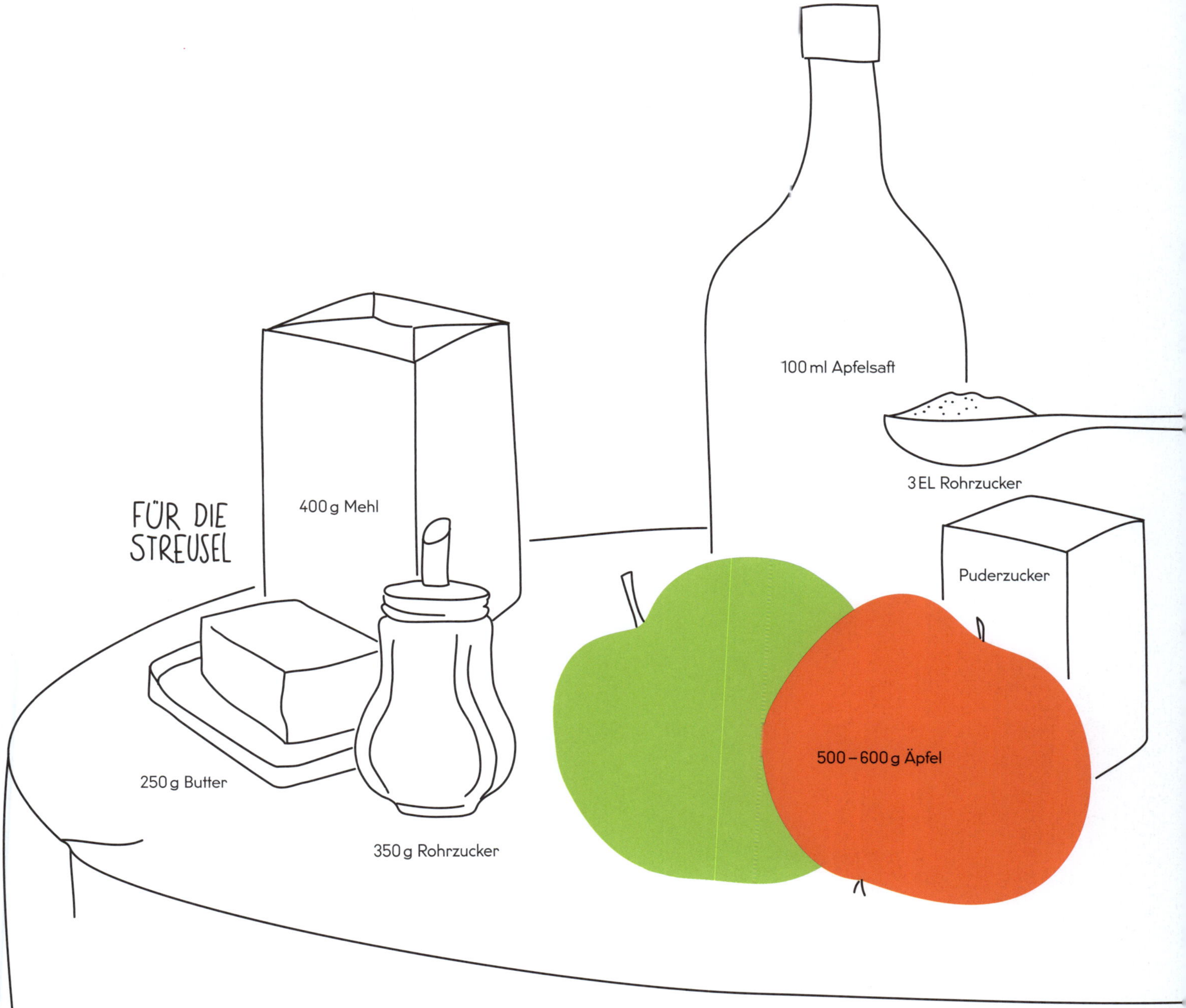

Wenn es ein Dessert gibt, das immer passt, dann ist es dieser Apple Crumble. Noch dazu ist er ein echter Alleskönner, der nicht nur im Sommer, sondern auch im Winter zur Kaffeezeit schmeckt. Oder aber zwischendurch. Oder dann, wenn die Gäste sagen: Puh, nee, lass gut sein, das Gegrillte war so gut und viel, wir können nicht mehr. Und das gleich wieder vergessen haben, wenn der heiße Apple Crumble auf den Tisch kommt.

SO GEHT'S:

Für die Streusel die weiche Butter, Rohrzucker und Mehl mit den Händen vermengen.

Hier ist wirklich Fingerspitzengefühl gefragt. Glaub uns: Der Handrührer bekommt das niemals so gut und gleichmäßig hin.

Wenn die Butterflocken schön mit Mehl und Zucker umschlossen sind und eine schöne Größe haben: Ab damit zur Seite und um die Äpfel kümmern.

Wir nehmen hier am liebsten heimische Äpfel (zum Beispiel Boskop) und lassen die, die aus Neuseeland eingeflogen wurden, links liegen. Die Äpfel waschen, vierteln, entkernen und in Spalten schneiden.

Die Apfelspalten mit drei Esslöffeln Rohrzucker vermengen.

Ab damit in die gusseiserne Pfanne. Apfelsaft dazugeben. Streusel gleichmäßig auf den Äpfeln verteilen.

1. Die Pfanne zunächst auf einen möglichst heißen Punkt im 250 Grad heißen Grill stellen. So werden die Streusel goldbraun gebacken.

2. Dann runter mit der Pfanne auf den Rost und weiter backen, bis der Crumble an den Rändern leicht blubbert.

Mit wirklich dicken Grillhandschuhen die Pfanne vom Grill nehmen, den Apple Crumble mit viel Puderzucker bestreuen, mit Vanillesoße toppen und am besten direkt aus der Pfanne essen. Natürlich funktioniert das Ganze auch mit anderen Früchten. Unser Geheimtipp? Ein Mix aus Rhabarber und Erdbeeren.

VANILLESOSSE AUF SEITE 254

VALERIE VANILLESOSSE

Keine Lust auf die aromatisierte Vanillesoßenplörre aus dem Kühlregal? Können wir gut verstehen. Also schnell wieder an den Grill gehuscht und selbst Hand angelegt.

250 ML SAHNE
1 PÄCKCHEN BOURBON-VANILLEZUCKER
3 EIGELB
1 EL ZUCKER

Auch hier kommt die gusseiserne Pfanne zum Einsatz, von der man in unterschiedlichsten Größen nie zu viele haben kann.

Was man für dieses Rezept noch braucht? Starke Unterarmmuskeln. Denn du musst rühren. Und rühren. Und noch mehr rühren.

Erst einmal startest du aber mit der Sahne, die direkt bei kräftiger Hitze kräftig gerührt werden will. Tipp: Immer schön locker aus dem Handgelenk rühren, dann machst du nicht so schnell schlapp.

Zucker dazu, rühren.
Vanillezucker dazu, weiter rühren.

Eigelbe in das Sahne-Zucker-Gemisch flutschen lassen und, genau, weiter rühren. Jetzt sogar noch etwas stärker.

UPS,

da ist ein bisschen Eiweiß mit in den Topf gehüpft. Schadet nicht, weiter geht's.

Wenn das Ganze langsam andickt, die Pfanne vom Grill nehmen und, leider, immer noch weiter rühren. Bis du nicht mehr kannst. Und eigentlich auch gar nicht mehr weiter rühren musst. Weil deine erste, ganz eigene Vanillesoße fertig ist. Jetzt erst einmal die Muskeln ausschütteln. Und probieren. Und wissen: Hat sich gelohnt, die Rührerei.

Wenn die Mägen schon gut gefüllt sind, lehnen sich die Gäste wohlig ausatmend zurück und winken bockig ab.

JETZT NOCH EIN DESSERT?

- 4 PFIRSICHE
- 250 G GEFRORENE HIMBEEREN
- 100 G FRISCHE HIMBEEREN
- 1 BAGUETTE
- 50 G PUDERZUCKER
- 2 EL ZITRONENSAFT
- 35 G BRAUNER ZUCKER
- 50 G BUTTER
- 250 G GRIECHISCHER JOGHURT
- 1 VANILLESCHOTE
- FRISCHE MINZE

Vom Grill? Gott bewahre. Hier sollte man sich als Gastgeber weder von den Gästen noch von Gott im Tatendrang bremsen lassen.

PRINZESSIN
PFIRSICH

Die tiefgekühlten Himbeeren (es geht natürlich auch ein Beerenmix) mit Puderzucker, fünfzig Milliliter Wasser und Zitronensaft durch den Mixer jagen und direkt danach kaltstellen.

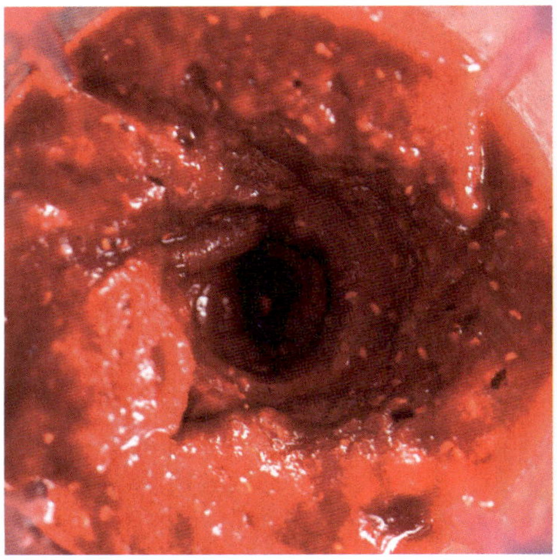

TIPP

Das lässt sich natürlich auch vorbereiten, bevor die Gäste überhaupt angekommen sind.

Einen Topf auf den Grill stellen und die Butter und den braunen Zucker so erhitzen, dass das Ganze einen süßbuttrigen Brei ergibt. Vorsicht: Anbrennen darf hier natürlich nichts, das Butter-Zucker-Gemisch deshalb bitte nur bei schwacher Hitze verflüssigen.

PFIRSICH

Hier bevorzugen wir Plattpfirsiche, weil sie noch aromatischer als ihre runden Geschwister sind.

Die Pfirsiche in zwei Hälften schneiden und hoffen, dass sich in den Früchten keine doofen, zersplitterten Kerne befinden, sondern sich diese leicht herausnehmen lassen.

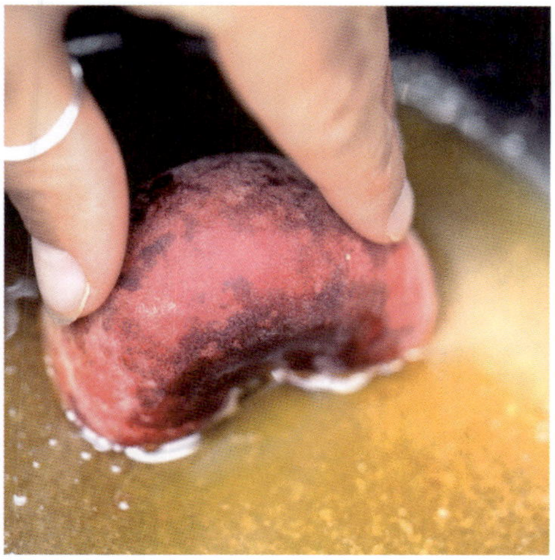

Die Pfirsichhälften in den Butter-Zucker-Mix tunken oder mit dem Pinsel bestreichen. Ab damit auf den Grill, vorzugsweise auf eine Gussplatte.

Nach knapp fünf Minuten sind die Pfirsiche fertig. Das Baguette in Scheiben schneiden, mit dem Butter-Zucker-Mix bestreichen und auf den Grill legen. Hier wie immer aufpassen:

BRAUNE RILLEN AUF DEM BROT SIND SCHÖN, SCHWARZE NICHT.

Ganz nebenbei den griechischen Joghurt mit Puderzucker und Vanillemark vermischen.

Auf jeden Teller einen halben Pfirsich, Himbeersoße, Joghurt, Brot, ein paar frische Himbeeren und ein Blättchen Minze setzen. Damit vor der Nase der Gäste herumtänzeln. Jede Wette, dass sich da plötzlich noch ein freies Plätzchen im sonst so vollen Magen findet.

ALLE SATT?

SAUBER!

Wenn du der Typ bist, der gerne gar nichts dreckig macht, Ketchup-Kleckse hasst und automatisch in die eine Hand den Wischlappen nimmt, wenn er mit der anderen zur Grillzange greift, dann such nach dem Buch „Wir backen" und lass die Finger vom Grill. Hier geht es anders, schmutzig, dreckig zu. Was aber nicht heißen soll, dass es nach einer echten Grillschlacht auch auf Dauer so aussehen muss.

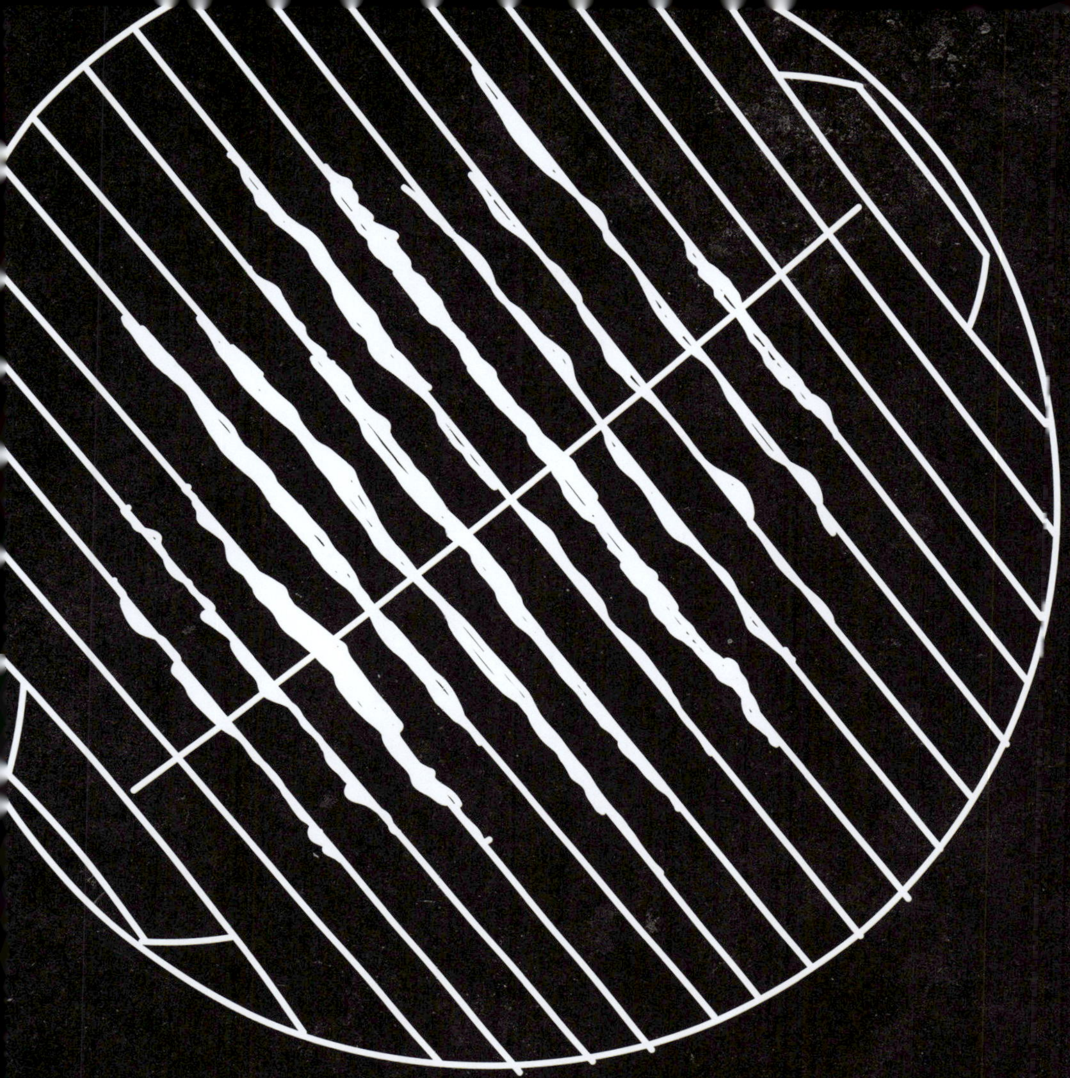

Also: Wenn wirklich alle satt sind, der Kühlschrank leer ist und niemand mehr nach einem Nachschlag fragt, jagst du zur Verwunderung aller deinen Grill noch mal temperaturmäßig ganz nach oben. Gib ihm und dir Zeit, räum in der Zeit auf und öffne dann vorsichtig den Deckel. Jetzt die Grillbürste in die Hand nehmen und den Rost mit Kraft und Liebe so behandeln, dass sich alle Reste in Richtung Brenner verabschieden. Hier verbrennt der Großteil – der Rest fällt in die Schublade darunter. Da also auch immer mal wieder reinschauen und sie säubern. Klingt nicht appetitlich, aber da hier ja alles schon durchs Höllenfeuer gegangen ist, ist es lange nicht so schlimm, wie es aussieht. Auskratzen, durchwischen, fertig.

Am Ende braucht es also nur eine Grillbürste, einen Schwamm und ein paar Mal im Jahr einen flüssigen Grillreiniger, mit dem du alle Metallteile einsprühst und dann alles wieder sauber wischst. Den Reiniger gibt es auch auf Bio-Basis, aber dann ist er nicht so gut wie der, der nicht so super grün ist. Klingt doof. Und ist auch doof. Aber ist so. Also: Nimm den Bio-Reiniger und gib dir mehr Mühe beim Schrubben. Dann ist dein Grill schön lange an deiner Seite. Und vor allem: immer einsatzbereit. Denn: Nichts ist schlimmer, als grillen zu wollen, den Deckel zu öffnen und das Gefühl zu haben, dass da irgendetwas auf dem Rost liegt, das nicht mehr zu identifizieren ist. Aber gleich mit dir spricht.

Klaus Breinig

UND WER HAT'S GEMACHT?

NA, WIR! →

AM GRILL STAND VOR ALLEM ← KLAUS BREINIG

Der Mann ist zweifacher Grillweltmeister und hat daneben viele weitere Pokale und Preise ergrillt. Vor allem ist er aber eins: Griller aus Leidenschaft. Und Koch. Und Workshopgeber. Und noch viel mehr. Tagelang haben wir gemeinsam mit Klaus an unserer BURNOUT-Outdoorküche gegrillt. Haben das wunderbare Wetter Anfang April 2020 und die Stille während des Lockdowns in der Coronakrise genossen. Klaus kann natürlich weit mehr als Nackensteak und Schichtfleisch zubereiten. Aber sehr viel mehr wollten wir gar nicht. Weil es ein Buch für Griller, keins für Sterneköche sein soll. Und wir uns jetzt schon darauf freuen, eines Tages „Wir grillen 2.0" herauszubringen. Klaus, das hat verdammt viel Spaß gemacht mit dir. Und dank dir wir wissen jetzt: Beherrschst du nicht das Feuer, dann beherrscht es dich.

JÖRN FISCHER → UND SEIN BURGER

Jörn Fischer ist auch Griller – und als solcher hochdekoriert. Als ehemaliger Team-Vizeweltmeister und Team-Vizeeuropameister gibt er sein Wissen auch in Workshops weiter. Legendär sind seine Burger Buns – weck Jörn nachts um drei und er backt dir gerade ein paar davon. Schlafwandlerisch. Und sehr, sehr lecker. Er hat uns einen Tag lang besucht und wo er schon mal da war, haben wir nicht nur Burger Buns gebacken, sondern auch noch ein wenig gegrillt. Burger natürlich. Aber mit Geflügelfleisch. Fetakäse, Garnelenbrote, behämmerte Nackensteaks und frostige Orange. Danke, Jörn.

WIR VON HOCH5

hatten einfach Bock drauf. Dabei machen wir eigentlich Werbung von A bis Z. Deshalb kennen wir uns aus – mit Foto, Text, Illustration, Gestaltung und Produktion.

TOBIAS HEYER

ist Inhaber von HOCH5. Tag für Tag stand er an der Seite von Klaus und Jörn, hat fotografiert und alle Texte geschrieben. Von ihm stammt auch die Idee, so ein Buch mal zu machen. Weil tatsächlich noch Platz in seinem Grillbuchregal ist. Allerdings nur ein ganz klein bisschen. Ein Mal ein Buch zu produzieren, das nicht nur aus überstylten Studiofotos und viel zu viel Text besteht, darum ging's ihm. Und natürlich wollte er einfach mal tagelang nichts anderes machen als zu grillen. Um dann zuhause stolz erzählen zu können, dass er sehr, sehr viel gearbeitet hat.

FLORIAN JORZICK

kümmert sich als Senior Art Director bei HOCH5 um alles, was mit Grafik zu tun hat. Und hat uns immer erzählt, dass er kein guter Illustrator sei. War gelogen. Von ihm stammen das gesamte Design, jede noch so kleine Zeichnung, die Handschrift. Und die Namensgebung für all die Typen, die unseren Rezepten ihr Gesicht verleihen.

Unterstützt wurde er von

ISABELLE BARTSCH,

Grafikdesignerin bei HOCH5 und diejenige, die sich um die Illustrationen der Grills samt Zubehör gekümmert hat.

JULIE PITKE

ist Geschäftsführerin bei HOCH5. Und wer sie kennt und ganz genau hinschaut, der entdeckt ihre Hände sogar an mehreren Stellen in diesem Buch. Sie war aber nicht nur Handmodel, sondern hat ein wachsames Auge auf alle Worte, die Rechtschreibung und den Sinn gehabt, der niedergeschrieben wurde. So hatte wenigstens Eine(r) den gesamten Überblick. Gegrilltes mag sie übrigens auch sehr gerne. Und backt den Apple Crumble besser als Klaus. Aber das erzählen wir ihm besser nicht.

KATHARINA LÜTGERT

lief, obwohl einige Kilometer entfernt im Homeoffice, dennoch das Wasser im Mund zusammen. Sie ist bei HOCH5 für die Retusche zuständig. Und hat so jedes Foto noch ein wenig schmackhafter gemacht. Ihr Freund ist der Erste, der ein Buch bekommt. Hat sie uns verraten. Was wir aber nicht weitererzählen sollten. Na, das hat ja wunderbar geklappt.

MICHEL

ist unser Agenturhund. Auch er hat sich in diesem Buch versteckt – wobei er alles andere als klein ist. Immer dann, wenn Fleischreste abgeschnitten, Fettiges abgetrennt werden musste, war er zur Stelle. Klaus und Michel? Sind längst beste Freunde.

THOMAS UND DANIEL VON BURNOUT

Die Beiden sehen aus wie echte Griller. Und das sind sie ja auch. Vor allem sind sie die Macher der BURNOUT-Kitchen, also der Küche, die bei uns auf der Terrasse steht. Hier ist Schleichwerbung erlaubt: Es ist die beste Outdoorküche, die es gibt. Fast jeden Mittag sind die Zwei vorbeigekommen, als wir für dieses Buch gegrillt, arrangiert, fotografiert und getextet haben. Und haben sich gerne die „Reste" mitgenommen. Bei uns kommt ja nichts weg. Und bei den Beiden erst recht nicht.

WAS WIR SO BENUTZT HABEN

Gesponsert hat uns niemand. Weil wir das schlicht nicht wollen. Aber Tipps können ja nicht schaden. Deshalb verraten wir dir am Ende noch dieses hier: Wir schneiden mit der Red Spirit-Serie von F. DICK. Weil sie schlicht und einfach und gut und bezahlbar ist. Wir schwören auf die Gusspfannen von Petromax. Auch einen Dutch Oven würden wir uns von keinem anderen Hersteller kaufen. Wir kaufen in der Metro ein. Weil es bei uns leider keinen Fleischer mehr um die Ecke gibt. Und wir das Fleisch, den Fisch, den man da bekommt, für den besten in unserer Nähe halten. Jetzt könnt ihr die Werbegeschenke auf die Reise schicken – das soll ja wohl an Werbung reichen.

Impressum

Herausgeber Tobias Heyer
Senior Art Direction Florian Jorzick
Illustrationen Florian Jorzick und Isabelle Bartsch
Fotos und Texte Tobias Heyer
Redaktion und Lektorat Julie Pitke
Fotoretusche Katharina Lütgert
Männer am Grill Klaus Breinig und Jörn Fischer
Hund neben dem Grill Michel

HOCH5 Verlags GmbH & Co. KG
Zum Stellwerk 10
32257 Bünde
hoch5.com
info@hoch5.com
+49 5223 49 39 00

wirgrillen.com
yeah@wirgrillen.com

2. Auflage
07/2020

ISBN 978-3-00-065626-2
Printed in Germany.

JETZT IST ABER AUCH GUT.
AB AN DEN GRILL MIT EUCH!

hoch5_agentur
f hoch5agentur

#WIRGRILLEN